GOLDMANN

Buch

Dieses Buch eröffnet neue Wege tiefenpsychologischer Arbeit mit Träumen. Der Traum wird dabei nicht nur im klassischen Sinne als zu entschlüsselnde »Text«-Botschaft verstanden, sondern auch als energetisches Phänomen (feinstoffliche Ebene) und als besondere Bewußtseinsform (Ebene der Meditation).
Durch die Verbindung von Traumarbeit und Meditation können Träume in einer ganz neuen Art und Weise als Medium der Bewußtwerdung und Heilung genutzt werden und auch dazu dienen, die Intuition und Wahrnehmung zu schärfen.

Autor

Jes Bertelsen, geboren 1946, Psychotherapeut mit Jungscher Lehranalyse, Heiler und Meditationslehrer, lebt und arbeitet in Jütland.

Jes Bertelsen

Traumarbeit und Meditation

Bewußtseinsentwicklung durch Übungen mit Chakrasymbolen

Aus dem Dänischen übertragen
von Karl Antz und Conrad Antz

GOLDMANN VERLAG

Die Originalausgabe erschien unter dem Titel
Dromme, Chakrasymboler og Meditation
bei *Borgen Forlag, Valby/Dänemark*

Dieses Buch ist
Robert Samuel Moore gewidmet.
Es legt Zeugnis ab
von seinem klaren höheren Bewußtsein,
seinem tiefen Verständnis
der menschlichen Natur
und von seiner Wärme.

Umwelthinweis:
Alle bedruckten Materialien dieses Taschenbuchs
sind chlorfrei, umweltschonend und recyclingfähig.

Der Goldmann Verlag
ist ein Unternehmen der Verlagsgruppe Bertelsmann

Genehmigte Taschenbuchausgabe

Umschlaggestaltung: Design Team München
Druck: Presse-Druck Augsburg
Verlagsnummer: 12111
Ba · Herstellung: Peter Papenbrok
Made in Germany
ISBN 3-442-12111-6

1 3 5 7 9 10 8 6 4 2

Inhalt

Einleitung

Der Umfang des Traumphänomens

Das Wort »Traum« bezeichnet normalerweise die nächtlichen Bilder und Ereignisse, die beim morgendlichen Erwachen im Gedächtnis haften. Die klassische Tiefenpsychologie (Freud, Jung, Reich) hat diesem Phänomen gründliche Untersuchungen gewidmet. Im ersten Teil dieses Buches folge ich diesem Traumverständnis, im zweiten und dritten hingegen wird die Sicht jeweils erweitert.

Im wachen Leben trägt ein Mensch viele Träume mit sich: Träume von der Zukunft, von Karriere, Glück und Macht, wie auch Vorstellungen, die man etwas vage Tagträume nennt. Diese Tagesphänomene lassen sich wohl zu Recht als Träume auffassen, wenn auch in bestimmten Punkten Unterschiede zwischen ihnen und den nächtlichen Träumen bestehen. Wache Träume sind die unrealistischen Vorstellungen, die ein Mensch von sich selber hegt.

Werden die Projektionen, Phantasien und Illusionen eines Menschen in den Definitionsbereich einbezogen, so ergibt sich eine noch tiefere und radikalere Auffassung des Traumphänomens.

Die Beschäftigung mit Meditation hat zur Folge, daß viel von dem, was normalerweise als Wirklichkeit bezeichnet wird, sich – wie im Traum – in halb bewußter, halb unbewußter Zustandsform darstellt. Echte Meditation verleiht der Persönlichkeit eine Wachheit, eine Präsenz im Jetzt, vor deren existentieller Klarheit die gewöhnliche Lebensform, der alltägliche Lebensstil, einem Träumen gleicht. Die Erlebnisse und Visionen des bewußtseinsmäßig gedämpften Traum-Ichs erscheinen dem normalen wachen Bewußtsein als tieferliegender, weniger bewußter, traumhafter Zustand, und entsprechend stellt sich das normale Wachbewußtsein dem höheren meditativen Bewußtsein als weniger

bewußt und niedriger dar, als Traumzustand. Einer höheren Bewußtseinsstufe erscheint jeder niedrigere Bewußtseinszustand als Traum.
Der Definitionsbereich des Traumphänomens wird also im Verlauf dieses Buches stufenweise erweitert. Als Traum wird danach allgemein ein Bewußtseinszustand bezeichnet, der – von einer höheren Bewußtseinsstufe aus betrachtet – niedriger erscheint. Und dies gilt besonders für das normale, wache Ich-Bewußtsein aus der Sicht des potenzierten, höheren Bewußtseins.

Sinnhaftigkeit, Energie und Bewußtsein

In der Arbeit mit (nächtlichen) Träumen hat es sich als nützlich erwiesen, auf drei Ebenen vorzugehen. Grundsätzlich ist jeder Traum auf diesen drei Ebenen zu verstehen; in der Praxis lohnt es sich aber oft nur, die sogenannten großen Träume, d. h. besonders intensive Träume oder solche, die Archetypen enthalten, auf allen drei Ebenen dem Bewußtsein zu integrieren.
Auf der ersten Ebene wird ein Traum als *Text* aufgefaßt, den es zu deuten und zu verstehen gilt. Hierfür sind Kenntnis der Sprache der Träume und Symbolverständnis notwendig. Historisch ist dies die erste von der Tiefenpsychologie erprobte Methode. Sie prägte das Traumverständnis von Freud und Jung. Die meisten Arten der Traumbearbeitung bedienen sich dieser Ebene.
Charakteristisch ist, daß nur mit jeweils einem Traum gearbeitet wird. Die in ihm enthaltene Informationsmenge wird mehr oder weniger vollständig zu deuten versucht. Selbst Träume des kollektiven Unbewußten werden primär als Text behandelt, den es zu deuten gilt – nicht etwa als Kanal zu kollektiven Energiereserven oder gar als Objekt langdauernder Meditation.
In ihrem Bedeutungsaspekt lassen Träume sich mit Geschehnissen des vergangenen Tages verbinden, mit dem Tagesrest. Oder sie können zukünftige Tendenzen andeuten, da entscheidende

Träume oft den Keim späterer Handlungen und Geschehnisse enthalten.
Ein tieferes Eindringen in das Traumphänomen führt zur zweiten Schicht oder Ebene. Hier werden Träume als *Energie* aufgefaßt, oder besser, als Abbildung von oder Ausdruck für Energie. Dieser Aspekt war den klassischen Tiefenpsychologen zwar bekannt, wurde von ihnen jedoch nur in geringem Maße vertieft und angewandt. Freuds Lehre von der Libido und Jungs Auffassung von psychischer Energie betreffen diese Ebene. Freud wie auch Jung betrachteten Träume als Spiegelungen von Energiebewegungen. Aber ein Verständnis von der Sichtbarkeit des Energiesystems wurde von ihnen nicht erarbeitet. Dies zeigt sich auch in der Tatsache, daß das Unbewußte für die Tiefenpsychologie nicht konkret sichtbar ist. Es kann sich in Träumen, Symptomen, Körperspannungen und ähnlichem offenbaren oder manifestieren; in sich selbst aber ist es dunkel, verborgen, unsichtbar.
Durch Übung, insbesondere durch Meditation, ist es aber möglich, eine Bewußtseinsform zu erlangen, dank derer das Unbewußte auf andere Weise sichtbar wird als durch die genannten Manifestationsformen (Träume, Phantasien, Symptome, Blokkierungen). Hat die meditative Praxis eine bestimmte Stufe erreicht, so wird die menschliche Ausstrahlung der Beobachtung zugänglich. Diese vom Bewußtsein erfaßte Ausstrahlung wird vielfach als Aura beschrieben. Der Teil der Aura, der sich als Licht, Farbe, Vibration und Bewegung zeigt, entspricht ziemlich genau dem energetischen Aspekt von Träumen. Folglich läßt sich auf der Basis von Träumen die aurische Struktur eines Menschen abbilden und charakterisieren. In ihrem energetischen Aspekt sind Träume sozusagen die Selbstdarstellung oder Selbstabbildung der Aura.
Träume lassen sich also auf energetischer Ebene als auragrammatisch beschreiben; sie zeigen die Bewegungen, Gleichgewichtsschwächen und Möglichkeiten der Aura. Viele Beobachtungen haben erwiesen, daß beispielsweise Urbilder – archetypische Symbole – sich zunächst in der Aura zeigen; erst danach tauchen sie, bisweilen Monate später, in mehr oder weniger klarer Wie-

dergabe in Träumen auf. Wir können also annehmen, daß das kollektive wie auch das persönliche Unbewußte sich in Strahlungsform im Menschen und um ihn herum manifestiert, d. h. sichtbar wird.
Auf der dritten Ebene wird der Traum als *eigenständige Bewußtseinsform* aufgefaßt. Arbeitet der gewöhnliche Prozeß der Deutung mit jeweils einem Traum, so die energetische Auffassung vom einzelnen Traum aus in die aurische Ausstrahlung hinein: Ausgangspunkt für eine Untersuchung der Aura mit ihren Erfahrungen von Energie und Vibration, von Farben und Symbolen, Erinnerungen und Möglichkeiten, wird der Traum auf der zweiten Ebene zur Tür, zum Durchgang vom gewöhnlichen Bewußtsein zum aurischen Selbst-Bewußtsein. Auf der dritten Ebene, als Ausdruck einer Bewußtseinsform, als Traumbewußtsein an sich, hat der einzelne Traum die Funktion eines Verbindungsgliedes, und zwar nicht nur zur energetischen Aura, sondern zu einem ganzen Bewußtseinsgebiet.
Betrachten wir einen Traum als Mitteilung, die zu verstehen ist, so finden wir einen Zugang zu sinnbezogener Information. Der Traum ermöglicht ein tieferes Verständnis für die eigene Person.
Wird er als Auragramm betrachtet, öffnet der Traum den Zugang zu tieferem Kontakt mit der aurischen Ausstrahlung; hierdurch läßt er sich wesentlich tiefer ausschöpfen. Ein einzelner Traum kann so einen Weg zur Erfahrung der gesamten aurischen Ausstrahlung bahnen.
Sehen wir schließlich einen Traum als Bewußtseinsform, so verlagert sich der Akzent: Sinn und Energie treten zurück gegenüber der stets gegenwärtigen Traumebene. Hier erscheint der Traum als noch unvollständige Bewußtseinsform, als abgedämpftes Lichtphänomen; und es geht nun darum, ihn in reines Bewußtsein oder in Licht zu transformieren. Der Charakter des Traumes: seine Erscheinungsform als Zeichen, Kulisse, Symbol, Stimmungs- oder Gefühlsintensität, wird als ein Sturz aus reinem Bewußtsein aufgefaßt. Seine Vielfalt ist Projektion, Ausstrahlung aus einem klaren, ungeteilten Bewußtsein. Das Aufbrechen

in die Vielfalt, die Zersplitterung des Traumes ist gerade sein lichtdämpfender Faktor, seine bewußtseinsdämpfende Struktur. Die meditative Funktionsweise dieser dritten Ebene ermöglicht es, den Traum zu transformieren: deutbare Zeichen und pulsierende Energie werden hier zu verstärktem Bewußtseinslicht, zu erweiterter Bewußtseinsklarheit.

Entsprechend den drei hier kurz skizzierten Ebenen ist das Buch in drei Teile gegliedert: der erste untersucht Träume auf der Basis des Sinnsystems. Im zweiten beschreiben wir den energetischen Charakter von Träumen; dies schließt den Zusammenhang von Träumen, Aura und Chakrasymbolen mit ein. Im dritten Teil geht es schließlich um den Bewußtseinsaspekt von Träumen; im Zentrum steht hier die Meditation. Die jeweils dazugehörigen »Techniken« finden sich im Anschluß an das betreffende Kapitel.

Technik

Erfahrungen mit der Integration von Träumen bilden die direkte Grundlage der hier beschriebenen Aufteilung des Traumphänomens in drei Ebenen. Diese lassen sich durch die folgende einfache Technik nachweisen:

Zunächst wird ein entscheidender, wichtiger Traum gewählt. Dieser wird zu seinem wesentlichen Symbol verdichtet: zu dem Umfeld, Geschehnis oder Element, das die größte Faszination innerhalb des Traumes enthält. Diesen Bereich, den energetischen Schwerpunkt des Traumes, nennen wir ein Symbol. Dies mag eine Szene oder ein Bild sein, eine Farbe oder Stimmung, oder aber ein mehr direkter Archetypus wie zum Beispiel ein Löwe, ein Baum, ein König usw. Charakteristisch für das gewählte Symbol ist zunächst, daß es deutlich und intensiv ist; dann das Gefühl des Träumers, daß dieses Traumelement noch nicht gänzlich verstanden oder integriert ist.

Das gewählte Traumsymbol stelle man sich im natürlichen Fokuspunkt der Augen vor, in einer Entfernung von etwa 30 cm. Mit geschlossenen Augen wird das Bild oder der Gedanke dieses

Symbols in diesem Abstand festgehalten. Die Aufmerksamkeit liegt ruhig und beobachtend auf dem gewählten Symbol. Gleichzeitig wird der Körper entspannt. Eventuell richtet sich die Aufmerksamkeit wechselweise auf das Symbol und den Körper. Hier sucht man verspannte Bereiche auf, um sie zu lösen, worauf die Aufmerksamkeit sich wieder dem Symbol zuwendet. Dieser ruhige Prozeß wird etwa 15 Minuten lang fortgesetzt.
Auf der Basis zahlreicher Erfahrungen mit Einzelpersonen und in Gruppen läßt sich folgende Grundstruktur nachweisen:

Aufmerksamkeit ──► Symbol

Diese Grundstruktur erscheint in der Form von drei charakteristischen, untereinander verschiedenen Situationen, die gemeinsam oder einzeln auftreten können.
Das zu Beginn eines Entwicklungsprozesses häufigste Ergebnis ist eine Änderung des Symbols aufgrund der Tatsache, daß durch die Aufmerksamkeit Energie in es investiert wird. Dies bedeutet nicht nur einen Anstieg der Energiemenge des Symbols, sondern auch eine Aktivierung der Ressourcen, die sich möglicherweise ohnehin in ihm finden. Die hierdurch entstehenden Verwandlungsformen lassen sich als Kommentare oder Auslegungen des ursprünglichen Symbols betrachten. Dies läßt sich folgendermaßen abbilden:

(1) Aufmerksamkeit ──► S → S1 → S2 → S3

S1, S2, S3 usw. sind hier die Ergebnisse der Verwandlungen und Entwicklungen des Grundsymbols S.
Diese Situation bezeichnet ein sinnbezogenes Verständnis des Traumes. Sie ist einem Grundtext vergleichbar, der mit Anmerkungen und Ausdeutungen versehen wird. Die dem Symbol durch Aufmerksamkeit zugeführte Energie setzt sich in Symbolvarianten um.
Es kann sich eine zweite Situation ergeben: Die während des Entspannungsprozesses befreite und durch ruhige Aufmerksam-

keit auf das Symbol überführte Energie bewirkt eine Zunahme seiner Intensität. Es wird klarer, lebendiger; bisweilen kann es durch den Glanz der überführten, investierten Energie geradezu zu leuchten beginnen. Diese Situation wollen wir folgendermaßen wiedergeben:

(2) Aufmerksamkeit ⟶ S

Die Schraffierung um das Symbol deutet hier die Erfahrung einer Energieverstärkung an. In diesem Fall öffnet sich das Symbol, und damit der Traum, der energetischen Betrachtung. Hierdurch wird eine Bewegung von Symbol zur Aura hin ermöglicht; im zweiten Teil finden sich genauere Ausführungen hierzu.
Schließlich gibt es eine dritte, sehr seltene Möglichkeit: Das Symbol wirft spiegelgleich Energie ins Bewußtsein in oder die Aufmerksamkeit zurück. Das Ergebnis ist, daß die Energie des Bewußtseins, in der Form von Klarheit, zunimmt. In diesem Fall bewirkt die geschilderte Technik eine Änderung des Bewußtseins, und nicht des Symbols. Dieser Prozeß läßt sich folgendermaßen darstellen:

(3) Aufmerksamkeit ⇄ S

Die Schraffierung deutet hier eine Änderung der Aufmerksamkeit an, eine Potenzierung oder Verstärkung der Klarheit in dem Teil des Bewußtseins, der betrachtet.
Diese Situation ergibt sich im allgemeinen nur bei meditativ geübten Menschen; sie kann allerdings auch dann eintreten, wenn der Träumer auf ein Symbol stößt, das letztendlich nicht dem sogenannten Unbewußten, sondern dem höheren Bewußtsein entstammt. Genauere Ausführungen zu diesem Punkt folgen, besonders im 3. Kapitel des dritten Teils.
Die hier beschriebene Technik ist einfach durchzuführen; sie bietet dem Interessierten die Möglichkeit, die drei beschriebenen Ebenen des Traumphänomens aufgrund eigener Erfahrungen zu entdecken. Ihre praktische Anwendung hat konkreten Nutzef-

fekt: Die erste Situation ermöglicht das Finden des Traumsinnes durch Vergleich der Symbolvariantenreihe. Im zweiten Fall wird der Kontakt mit dem Symbol bestärkt, und dadurch läßt sich die Energie des Traumes leichter integrieren. Tritt die dritte Situation ein, so ergibt sich ein tieferes Verständnis für das Symbol, eine Art intuitiv übergeordneter Offenheit für die Bedeutung, den tieferen Sinn des Traumes.

ERSTER TEIL:

Traum und Sinnhaftigkeit

Tagesrest und Kompensation

Träume enthalten einen wesentlichen Bestandteil, der sie mit einer Erfahrung oder einem Gemütszustand des vorherigen Tages verbindet. Diesen Bestandteil nennen wir den Tagesrest. Er kann die Form einer Person annehmen oder auch ein Gedanke sein, eine Ahnung, eine Wahrnehmung, Erinnerung oder ähnliches, das assoziativ ins Traumbild eingesponnen ist.

Grundsätzlich enthält jeder Traum eine solche rückwärtige Verbindung. Das hat folgende Gründe: Erstens verläuft unser Bewußtseinsprozeß organisch, d. h. nicht völlig zusammenhanglos. Die mentalen und die gefühlsmäßigen Prozesse sind nach den Assoziationsgesetzen miteinander verbunden; und hieraus folgt, daß Träume organisch aus dem Stoff hervorwachsen, der die Wirklichkeit des vergangenen Tages ausmachte. Zweitens verhalten sich Träume, mit Jungs Formulierung, wie eine Kompensation zum Tagesbewußtsein. Der Gemütszustand des Tages und der der Nacht entsprechen den Außenpositionen eines schwingenden Pendels. War man am Tag zu höflich, so ist man im Traum unhöflich. Im Lauf des Tages verdrängte Gefühle und Gedanken bahnen sich einen Weg in die nächtlichen Träume usw. Dieses kompensatorische, stabilisierende Schwingen zwischen Tages- und Nachtseite bewirkt, daß Träume grundsätzlich an etwas Geschehenes oder an einen Bewußtseinsinhalt des vorherigen Tages anknüpfen.

Der Tagesrest kann nun aber, wie Freud nachwies, beliebig weit in die Vorzeit zurückgreifen. Über Momente des vorherigen Tages kann der Traum Erinnerungen von vergangenen Wochen und Jahren zurückrufen. Der vergangenheitsgerichtete Aspekt

des Traumes kann bis in die Kindheit zurückreichen, bis zum Geburtstrauma; letztlich können uralte kollektive Erfahrungen und Vorgänge, aufzufassen als aus fernen früheren Leben stammend, ins Traumphänomen hereinspielen.
Der Tagesrest wird faßbar durch Assoziation zu den einzelnen Traumelementen: eine Reihe von Erfahrungen des gestrigen Tages oder des bisherigen Lebens wird als der eine Pol des Pendels aufgefaßt. Der Sinn des Traumes wird folglich faßbar, wenn man ihn als Kommentar, Korrektur oder Ergänzung zu diesen Erfahrungen ansieht; das Traumbild wird dann also als der kompensierende Gegenpol des Pendels erlebt.
Der Tagesrest gehört dem Bewußtsein an; der Traum ist die Antwort des Unbewußten. Vergangenheit und Traum werden miteinander ausgeglichen, wenn beide Pole, beide Gesichtspunkte Gewicht erhalten. Das Bewußtsein, das sich durch die Tagesresterfahrungen repräsentiert, ist zu einseitig; das Unbewußte, dargestellt durch den gesamten Traum, ist ebenso einseitig. Die organische Summe beider, der Kompromiß zwischen ihnen, ergibt eine ausgeglichenere, synthetische, übergeordnete Position. Durch den Tagesrest ist der Traum mit dem Vortag verbunden. Hier ist entscheidend, daß sich um den Anknüpfungspunkt des Tagesrestes, eine Begebenheit oder einen Bewußtseinsinhalt des vergangenen Tages, immer Unbewußtheit finden wird. Wäre diese nicht vorhanden – anders ausgedrückt: gäbe es nicht zu viel Unbewußtes um diese vergangenen Begebenheiten, so wäre der Traum nicht entstanden.
Wir wollen dies genauer darstellen. Gestern traf ich einen Bekannten, und in der Nacht träume ich, er verletze mich mit einem Messer. Das Unbewußte ist hier, daß dieser Bekannte mich im Grunde tatsächlich verletzte. Dessen war ich mir aber nicht zur Genüge bewußt; darum kommt der Traum und macht mich darauf aufmerksam. Reagiert man in einer Situation total, d. h. ist man voll gegenwärtig, so kann diese Situation nicht zu einem Traum führen. Notwendige Bedingung für seine Entstehung ist Halbheit, Höflichkeit, Hemmung, Feigheit, kurz gesagt: Unbewußtheit oder Teilbewußtsein.

Im Westen waren es, trotz all ihrer Verschiedenheit, Freud und Jung, die den hier beschriebenen Zugang zu Träumen geöffnet haben. Diese Grundeigenschaft des Traummechanismus: seine regulative Funktion im Verhältnis zum Bewußtsein, ist dem Osten seit undenklichen Zeiten vertraut – das klassische Yoga, Buddhaghosa und die tibetische Mystik kennen diese Auffassung.

Inhalt und Haltung im Traum

Wir differenzieren zwischen Inhalt und Haltung. Dies ist folgendermaßen zu verstehen: Der Inhalt des Traumes sind die Stimmungen, Gefühle und Emotionen, die der Traum enthält oder abbildet. Diese Gefühle und Stimmungen sind teils vage und atmosphärisch durch die Elemente des Traumes verbreitet, teils haben sie sich verdichtet in der Form von Menschen, Bäumen, Häusern, Tieren, Natur usw. Die Haltung ist die Reaktion des Traumes auf den Inhalt; sie ist das Agieren der Handlungsausführenden, die Weise, in der sich die einzelnen Teile des Traumes zueinander verhalten.
Ein Beispiel: Im Traum zeigt sich ein furchteinflößender Löwe. Inhalt ist nun dieser Löwe; derjenige, der betrachtet, die Furcht als Inhalt der Stimmung. Haltung dagegen ist die Reaktionsweise der Person gegenüber dem Löwen: sie erstarrt vor Schreck, flieht, kämpft, schließt die Augen.
Träume sind Ansammlungen von Natur, Gegenständen und Personen mit einem Anflug von Gefühlsstimmung. In dieser Szenerie werden Haltungen in der Form von Handlungen und Verhältnissen dargestellt.
Diese Einteilung ermöglicht ein tieferes Verstehen und Integrieren von Träumen.
Zunächst wollen wir uns mit dem Inhalt befassen, der sich durch Gefühle oder Emotionen repräsentiert. Bekanntlich sind Träume nicht alle per se oder in allen Teilen gleich gefühlsbetont. In den

meisten Träumen gibt es aber Szenen, Bilder oder Elemente, die sich durch stärkere Gefühlsintensität auszeichnen. Diese Momente nennen wir, wie bereits erwähnt, energetische Schwerpunkte. Hier findet sich der intensivste und daher oft klarste Inhalt, das klarste Symbol, des Traumes. Dieser Inhalt wird oft unmittelbar deutlich. Ist der Traum lang und variationsreich, mag man sich vorstellen, er habe eine Überschrift oder man gebe ein Telegramm mit seinem wesentlichen Inhalt auf.

Ist der stimmungsmäßige oder emotionale Kern des Traumes gefunden, so gilt es, Parallelen aufzusuchen: Wo im eigenen Leben finden sich das gleiche Gefühl, die gleiche Stimmung von Zorn, Angst, Sorge, Freude? Oft kann schon ein simpler Vergleich dieser verschiedenen Situationen von gleicher gefühlsmäßiger Färbung den Sinn des Traumes klären; unverständliche Bilder oder Symbole offenbaren sich durch das von ihnen ausgehende Gefühl, das einem aus anderen, wachen Zuständen bekannt ist.

Entsprechend läßt sich die Haltung im Traum behandeln. Hier war man vielleicht ungehemmt aggressiv, und ein Vergleich mit wachen Situationen, die von ungehemmter Aggressivität geprägt waren, bringt das Traumbild dem Verständnis näher.

Noch deutlicher wird der Sinn des Traumes, wenn sein kompensatorischer Charakter beachtet wird. Ein Traum ist zum Beispiel von Angst geprägt. Diese Angst ist dem Träumer aus seinem wachen Leben wohlbekannt. Im Traum wird sie von einem Ungeheuer erregt, im wachen Leben mögen die Vorgesetzten ihr Anlaß sein, in beiden Fällen handelt es sich jedoch um die gleiche Angst. Diese Angst an sich ist also hier nicht unbedingt das kompensatorische Element. Wir wollen annehmen, daß der Träumer im wachen Leben nie seinen Vorgesetzten trotzt oder gegen sie opponiert. In diesem Fall zeigt sich der kompensatorische Zug des Traumes darin, daß der Träumer sich hier anders verhält als in der Wirklichkeit. Der Traum will sagen, daß er durchaus angreifen könnte, daß er nicht völlig unterdrückt ist; sollte er den Vorgesetzten gegenüber erneut Angst empfinden, so rät der Traum zu Protest. Nehmen wir dagegen an, daß die

Haltung des Traumes der der Wirklichkeit entspricht, so können wir das kompensatorische Element in der Gefühlsstimmung finden. Im Traum, wie auch in der Wirklichkeit, ist der Träumer zum Beispiel rücksichtslos. Im Traum empfindet er nun aber Mitgefühl mit dem Kaninchen, das er angerempelt hat. Für ihn, der im wachen Leben keinen Gedanken an die Menschen vergeudet, gegen die er rücksichtslos ist, enthält der Traum also eine deutliche Mitteilung: Mitgefühl, Sympathie mit den anderen ist unbewußt, und dies muß dem Träumer klar werden.

Wir wollen uns genauer mit der Bedeutung der Haltung im Traum befassen. Sie hat in zwei Bereichen besondere Geltung.

Jeder Traum hat einen Fokuspunkt, von dem aus er betrachtet wird. Im allgemeinen tritt der Träumer selbst im Traum auf. Diese Manifestation des Träumers nennen wir das Traum-Ich. Es ist die erkennende Instanz; dieser Teil des wachen Bewußtseins ist die notwendige Bedingung dafür, daß der Traum registriert wird.

Das Traum-Ich kann im Traum mehr oder weniger aktiv sein. Das Engagement des Träumers im Traum drückt aus, in welchem Maße er begreift oder ahnt, daß die Traumbilder sein eigenes inneres, nach außen hin oft graues, Leben schildern. Das Traum-Ich kann sehr passiv sein; es kann sich wie ein beobachtendes Auge verhalten oder wie eine Kameralinse, vor der sich der Traum abspielt. Ein derart fernes und unengagiertes Traum-Ich bedeutet im allgemeinen, daß der Träumer einen äußerst geringen Kontakt mit den Seiten seiner selbst hat, die der Traum abbildet. Es scheint fast, als gingen sie ihn selber gar nichts an. Im allgemeinen ist ein Mensch vielfältig in sich gespalten; Entwicklung bedeutet das Schaffen von Zusammenhang, von Koordination zwischen den Teilpersönlichkeiten des Menschen. Das nur zuschauende, passive Traum-Ich verrät, daß der Träumer sich nur in sehr geringem Maße der Tatsache bewußt ist, daß der Traum ihn selbst abbildet; seine Passivität deutet darauf hin, daß diesem Menschen ein Engagement für sich selbst fehlt, daß er nur mit wenigen Seiten seiner Ganzheit Kontakt hat. In gewöhnlichen Träumen gilt daher: Je aktiver das Traum-Ich an der Handlung des Traumes beteiligt ist, desto mehr Kontakt hat dieser Mensch mit den Seiten seiner selbst, die der Traum behandelt.

Der zweite Bereich, in dem sich die Haltung manifestiert, betrifft die Kontaktformen zwischen den einzelnen Teilen des Traumes, oder zwischen dem Traum-Ich und der übrigen Welt. Hier können wir drei Hauptformen unterscheiden:

Die *erste* Form ist ein völliger Kontaktmangel. Zwar ist ein Engagement vorhanden, ein Gefühl, daß die verschiedenen Teile des Traumes oder der Persönlichkeit einander betreffen; ein konkreter Austausch findet jedoch nicht statt. Dies ist die Form vieler Alpträume. Schritte erklingen hinter einem, man fühlt Angst, geht schneller, die Schritte werden schneller, die Angst wächst, man erwacht. Oder man trifft auf etwas Fremdes, Unbekanntes (Menschen, Tiere, Städte usw.), es findet jedoch kein näherer Kontakt statt. Entweder erwacht man, oder die Traumszene wird unterbrochen.

Diese recht häufige Haltung zeigt an, daß der Träumer auf Unbekanntes in sich selbst stößt. Bisher voneinander getrennte Seiten der Persönlichkeit werden allmählich miteinander verbunden. Der Traum verdeutlicht den Kampf zwischen zwei Tendenzen im Träumer: einer synthetischen, einheitssuchenden Seite gegenüber einer trennenden, aufteilenden. Die eine sucht Integration und Kontakt; die andere dagegen will ausweichen, versucht die Konfrontation zu vermeiden, will in unbewußter Getrenntheit schlafen.

Die *zweite* typische Haltung ist der negative Kontakt: Konflikt, Kampf, Kollision, Zornausstrahlung, Haß, Mord usw. Die zwei Seiten der Persönlichkeit, verkörpert durch die Elemente des Traumes, haben einander erfühlt, und Friktion ist entstanden.

Das Ziel menschlichen Wachstums ist zunächst Integration; und hier ist der sogenannte negative Kontakt vorzuziehen gegenüber der austauschlosen Begegnung, in der keine energetische Bewegung stattfindet.

Zwei Seiten einer Persönlichkeit, zwei Verhaltensweisen oder zwei Gefühle, die zuvor ohne Kontakt miteinander waren, können nicht ohne eine Konfrontation, eine engagierte Begegnung, zur Zusammenarbeit bewegt werden. Will man vom Zustand innerer Trennung zur Einheit gelangen, so erfordert das Reibung, Konflikt, Leiden. Außerdem ist diese innere Konfrontation in gewissem Sinn eine Voraussetzung für erweitertes Bewußtsein.

Das weitere Ziel menschlichen Wachstums ist höheres und klareres Bewußtsein; der Weg hierzu führt den Entwicklungsprozeß von ursprünglich schlafender Einheit über Trennung und Konflikt zu höherer, bewußter Einheit und Synthese.

Das Unbewußte oder der Schlaf im Menschen ist so umfassend, daß oft eine Spaltung entsteht. Das Ich oder das Bewußtsein macht wohl etwa 10 Prozent der gesamten biologischen und psychischen Energie aus, die dem Menschen zur Verfügung steht, 90 Prozent bleiben unbewußt. Daß diese – anfänglich notwendige – Trennung auf einer späteren Stufe absolut wachstumshemmend wirkt, ist dem Menschen auch nicht bewußt. Folglich ragt das Unbewußte über seinen eigenen inhaltlichen Anteil hinaus tief in die Haltung des Bewußtseins hinein.

Ist eine Persönlichkeit in ihrem bewußten Teil mit sich selber uneins, so dominiert auch hier das Unbewußte. Nehmen wir an, ein Mensch hat privat andere Meinungen, Gefühle und Haltungen als nach außen hin. Von einem höher bewußten Standpunkt aus hemmt dieser Unterschied das Wachstum. Die beiden Seiten der Persönlichkeit können diametral verschieden sein, scheinbar nicht miteinander vereinbar, obwohl sie jede für sich innerhalb desselben Bewußtseins existieren. Solange die Persönlichkeit sich aber nicht darüber im klaren ist, daß dieses Arrangement das Wachstum hemmt, ist das Unbewußt-Sein, die fehlende Wachheit, übergeordnet. Auf diese Weise ist die nach außen hin gespielte »Rolle« bei all ihrem Unterschied zur Privatperson doch in einem Punkt mit ihr einig: sie ist sich der Tatsache unbewußt, daß diese Zwiespältigkeit wachstumshemmend ist.

Die *dritte* typische Haltung in Träumen und in der inneren Dynamik der Persönlichkeit ist der positiv verbindende Kontakt. Träume von Zusammenarbeit, Aufbau, Beischlaf, Fütterung von

Tieren, Regen usw. gehören dieser Kategorie an. Der positive Kontakt bildet die integrierende Tendenz ab, eine Tendenz zur Sammlung und Vereinigung der verschiedenen Anteile, Aspekte und Kräfte der Persönlichkeit.

Die längere Beobachtung von Traumprozessen zeigt, daß die Entwicklung vom ersten der drei hier geschilderten Haltungstypen über den zweiten zum dritten hin eine dem Traumleben organisch angehörende Struktur ist. Neue und unbekannte Figuren und Themen tauchen im Traum oft, wenn auch nicht immer, in einer Begegnung, einer Art Einführung ohne weiteren Kontakt auf. Ist die Persönlichkeit dann zu neuer Selbstkonfrontation bereit, so wird der negative Kontakt eingeleitet in der Form von Kämpfen, Konflikten, Zweifel, Ambivalenzen usw. Wird dieser Prozeß seinem natürlichen Verlauf überlassen, so strebt er von selber Akzeptanz und Koordination an, und es erscheinen Phänomene positiven Kontaktes. Hierdurch wird Energie freigesetzt, es entsteht ein Gefühl des Strömens, der Erweiterung oder des Wachstums und der Befreiung aus Spaltung.

Das Senoivolk in Malaysia nutzt diese Struktur in Träumen aus. Sobald die Kinder dieses Volkes ihre Träume zu erzählen beginnen, lernen sie, daß sie selbst die Haltung und damit den Verlauf des Traumes ändern können. Ein Kind erzählt zum Beispiel, es habe von einem Raubtier geträumt, das ihm Furcht einjagte. Die Erwachsenen sagen ihm nun, das Raubtier wolle das Kind etwas lehren, ihm etwas zeigen; das nächste Mal solle es versuchen, dem Tier mit dieser positiven Einstellung zu begegnen. Oder ein Kind hatte einen Alptraum, in dem es fiel und fiel – und schließlich voll Schrecken kurz vor dem Aufprall auf einen Felsen erwachte. Wäre es nun vollends abgestürzt und auf den Fels geprallt (so die Erwachsenen), so hätte dieser dem Kind etwas von seinem Wesen, seiner »Lebenserfahrung« geschenkt. Das Kind solle sich im nächsten Traum dem Sturz hingeben und daran denken, daß der Fels es empfangen werde.

Auf diese Weise kann man auf sich selber einwirken; man wagt es allmählich, sich seinem inneren Universum zu stellen. Man erfährt, daß Akzeptanz der weiseste Weg ist, wenn man etwas

lernen will. Es ist sonderbar: Dieses Verfahren wirkt. Kinder haben noch nicht gelernt, daß man Träume nicht beeinflussen kann: sie haben keine großen Schwierigkeiten, diese Deutung zu verstehen und anzuwenden. Erwachsenen steht ihr Glaube, daß Träume sich nicht ändern lassen, im Weg. Sie können eine solche Praxis nicht ohne ein tiefes Verständnis vom Wesen der Träume oder eine spontane Erfahrung ihrer Wandelbarkeit beginnen.
Die entsprechende Technik ist an sich ganz einfach: Vor dem Einschlafen wird ein einfaches, im Grunde selbstverständliches Prinzip angewandt – zeigt der Traum mir etwas Fremdes oder Feindliches, so will ich eher kämpfen als fliehen, ihm eher in die Augen sehen als ihm den Rücken zuwenden. Und wird im Traum gekämpft, von mir oder anderen, so will ich versuchen, Frieden zu schließen.
Wir wollen dieses Prinzip so formulieren, daß es auch für das allgemeine Wachstum der Persönlichkeit gilt: Es geht darum, sich selber zu sehen, nicht die Augen vor sich selber zu schließen; mit sich selber Frieden zu schließen statt zu kämpfen. Verschlossene Augen, Verdrängungen, Flucht vor sich selber hemmen und dämpfen das Bewußtsein.
Die Entwicklung zur Integration der Persönlichkeit und weiter zu höherem Bewußtsein fordert, daß eine Grundbedingung erfüllt wird: Man muß Mut haben, sich selbst genau so zu sehen, wie man ist. Jedes Sich-Verbergen, jedes Sich-Schminken oder Verkleiden in Rollen und Idealen bedeutet, daß man sich aufhält. Man muß sich selbst in seiner existentiellen Nacktheit sehen, ohne Rücksicht auf den Preis – falls, wohlgemerkt, Entwicklung erwünscht ist. Verdrängung, übernommene Moral, Unehrlichkeit vor sich selbst: sie sind Umwege in ein unendliches Labyrinth von Illusionen und Träumen.
Der Unterschied zwischen Traum und Wirklichkeit ist viel geringer als allgemein angenommen. Ein tieferer Einblick in den Hintergrund menschlicher Handlungen führt zu der Erkenntnis, daß letztendlich nur sehr wenige Menschen wissen, warum sie so handeln, wie sie es tun. Man strebt nach höheren Positionen, nach mehr Gehalt, nach größeren Häusern, und man sagt, man

handle so, weil man hiermit froher, zufriedener, entfalteter werde. Betrachten wir ein Kind, das gerade zwei Eis bekommen hat und um ein weiteres bettelt: Wird es mit noch einem Eis glücklicher oder zufriedener, wenn schon die ersten beiden nicht ausreichten? Hinter dem menschlichen Streben nach Mehr und Größerem liegen unbekannte Motive, ungesehene Triebkräfte. Das gewöhnliche Streben ist sich seiner selbst nicht bewußt, es ist eine Art permanenter Traum, der Wirklichkeit genannt wird.
Gründliche Beschäftigung mit den nächtlichen Träumen führt früher oder später zu einer Entdeckung: Träume sind ein sehr umfassendes Phänomen. Viel von dem, was für Wirklichkeit und waches Leben gehalten wird, gehört im Grunde deutlich der Welt der Träume an: Projektion der eigenen Energie, Verschleierung und Symbolisierung der tatsächlichen Wirklichkeit. Wir träumen wache Träume von Glück und Zufriedenheit, wenn nur erst das nächste Ziel erreicht ist; aber das Glück trügt wie der Horizont: sind wir am Ziel, so lockt das Glück erneut von ferne. Und eben das ist das Wesen des Traumes: eine Verschleierung der Wirklichkeit, eine Dämpfung des Bewußtseins, so daß sich Phantasien und Projektionen frei entfalten können.

Die Polarität von Tagesrest und Bewußtsein ist von Freud und Jung ausführlich behandelt worden, während einige der neueren Traumforscher sich andeutungsweise mit der Dialektik von Inhalt und Haltung im Traum befaßt haben. So hat Patricia Garfield in ihrem empfehlenswerten Buch *Kreativ Träumen* vom Senoivolk und seiner Traumlehre berichtet. Der emotionale Aspekt des Traumes findet sich recht ausführlich in dem ebenso empfehlenswerten Buch *Lebendiges Träumen* von Corriere und Hart.
Die beiden bisher abgehandelten Techniken gehen grundsätzlich über das in der entsprechenden Traum-Literatur Beschriebene nicht hinaus. Soweit mir bekannt, hat aber bisher noch niemand systematisch die dritte große Polarität des Traumphänomens behandelt: das Verhältnis zwischen Traum und Körper. Das heißt allerdings nicht, daß die von uns angewendeten Erfahrungen nicht bekannt wären. Viele Therapeuten, die mit körperorientier-

ten Techniken arbeiten – besonders mit der sogenannten psychischen Massage –, haben festgestellt, daß die Stimulierung von Körperblockierungen oder von zu wenig gespannten Muskelbereichen Träume auslöst, die in diesen Bereichen gebunden sind.

Traum und Körper

Ein Mensch ist in seinem Dasein eine fundamentale Ganzheit. Unser Verständnis dieses Daseins hat aber eine Spaltung zur Folge. Wir teilen die menschliche Ganzheit auf in Körper und Geist, und diese Spaltung wurde bisweilen so radikal gedacht und erlebt, daß sie eine Rückkehr in den übergeordneten Zusammenhang unmöglich machte.
Das Traumphänomen ist eng mit der menschlichen Ganzheit verknüpft. Träume spiegeln sich in den verschiedenen Aspekten, die der Mensch im Versuch einer Deutung seines Daseins betrachtet. Wir können die psychologische Betrachtungsweise verwenden; in diesem Fall werden Träume zu einem psychologischen Phänomen. Als solches lassen sie sich auf ihre bewußte oder unbewußte Seite hin analysieren. Soweit der Traum im Gedächtnis bleibt, ist er Teil des Bewußtseins und somit den Gesetzmäßigkeiten unterworfen, die im übrigen für das Bewußtsein gelten. Gleichzeitig hat er aber Kontakt zum Unbewußten: Hier findet er einen Teil seines Materials und seines Inhalts.
Wir können den Menschen aber auch unter körperlichem Aspekt betrachten; in diesem Fall wird der Traum ein physisches Phänomen, er spiegelt sich im Physischen wider. Dies läßt sich rein physiologisch verstehen: Träume spiegeln sich in bestimmten Formen von Hirnaktivität usw. Es läßt sich aber auch so verstehen, daß jeder Traum einen Reflektionspunkt im Körper hat. Das bedeutet, daß grundsätzlich zu jedem Traum ein Bereich (oder mehrere) im Körper lokalisierbar ist, der mit ihm respondiert. Umgekehrt hat sich gezeigt, daß bestimmte Bereiche des Körpers bestimmte Erinnerungen und Träume enthalten.

Bei spirituell orientierter Auffassung des Menschen zeigt sich, daß Träume einen spirituellen Bezug haben. Und wird der Mensch auf seine Ausstrahlung hin betrachtet, so haben Träume, wie bereits erwähnt, eine aurische Entsprechung.
Wir wollen uns nun mit dem Verhältnis von Traum und Körper befassen.
Viele Träume verraten ihre Körperentsprechung direkt. Das gilt zum Beispiel für Angstträume, sexuelle Träume, Aggressionsträume und Träume, in denen geweint wird. Ein angsterfüllter Alptraum wird sich unmittelbar beim Erwachen, ja oft schon während des Traumes selbst, auf einen bestimmten Körperbereich zurückführen lassen: Man erstickt fast vor Angst, es läuft einem kalt den Rücken herunter, das Herz hämmert, man ist vor Schreck völlig gelähmt usw. Sexuelle Träume lokalisieren sich gleichfalls entweder direkt in den Geschlechtsorganen oder in den Bereichen, die im Traum von der zu ihm gehörenden erotischen oder sexuellen Aktivität berührt werden. Aus Aggressionsträumen erwachen viele Menschen mit einer Spannung in bestimmten Muskelgruppen; Weinen läßt sich oft in Hals, Brust oder Bauch lokalisieren.
In einer anderen großen Gruppe von Träumen bildet sich die relevante Körperstelle direkt oder indirekt ab. Hierzu gehören Tiere, die einen ins Bein beißen, Insekten und Schlangen, die über den Körper kriechen, Menschen mit Verwundungen, gebrochenen Armen und dergleichen.
Es bleibt eine beträchtliche Restgruppe, deren körperliche Bezüge nicht unmittelbar einleuchten. Hier gibt es zwei Möglichkeiten, sie zu verdeutlichen. Die eine Technik führt den jeweiligen Traum auf eines der sieben Hauptchakren hin. Mit diesem Verfahren werden wir uns eingehend im zweiten Teil befassen; hier wollen wir dagegen das andere Verfahren beschreiben.

Technik

Zunächst sei angemerkt: Praktisch gesehen ist es wenig interessant, den Körperbezug eines jeden Traumes zu lokalisieren, wie es überhaupt im konkreten Entwicklungsprozeß eines Menschen

nicht relevant ist, *alle* Träume zu untersuchen. Vernünftigerweise werden große, intensive, archetypische Träume gewählt oder aber Träume, die die Person angehen, sie nicht loslassen, wichtige Informationen oder Gefühle enthalten. Die übrigen Träume sind von geringerem Interesse.
Wissenschaftlich ist aber bemerkenswert, daß sich weitaus die meisten Träume, selbst unbedeutende Fragmente, auf den Körper zurückführen lassen. Über eine längere Periode durchgeführte Untersuchungen aller eigenen Träume und der Träume anderer in bezug auf ihren Tagesrest und ihre Körperentsprechung haben gezeigt, daß diese Klassifizierung nur in äußerst wenigen Fällen unmöglich erscheint.
Die hierbei anzuwendende Technik ist einfach: Ein Traumbild, in unserer Terminologie: ein Traumsymbol, wird ausgewählt. Bei entspannt sitzender Haltung wird dieses Symbol mit geschlossenen Augen im natürlichen Fokuspunkt (im Leseabstand) außerhalb des Körpers imaginär fixiert. Nun wendet man seine Aufmerksamkeit wechselweise vom Symbol zum Körper, den man gleichzeitig konstant zu entspannen sucht.
Man stelle sich nun vor, das Symbol sei dem Körper entwachsen wie eine Blume der Erde. Man *erfühlt* die Wurzeln des Symbols im Körper. Hier deutet sich der Respondenzpunkt nun oft unmittelbar an. Die wechselweise Aufmerksamkeit auf Symbol und Körper aktiviert, wie unsere Erfahrung zeigt, die relevanten Körperstellen, die sich daraufhin in Form von Energiebewegungen, Gefühlsstimmungen, physischen Reaktionen usw. bemerkbar machen.
Ist die relevante Körperstelle gefunden, so ermöglicht dies tieferes Verständnis, weitergehende Integration des Traumes. Hierbei ist es wichtig, daß ihre Entdeckung nicht rein intellektuell geschah; ob sie nun direkt gefunden wurde (die Angst im Traum schnürte den Hals zu), ob der Traum sie abbildete (eine Katze kratzte das Handgelenk), oder ob sie durch die skizzierte Methode entdeckt wurde – die Körperstelle muß in einem gefühls- oder stimmungsmäßigen Zusammenhang erfahren werden.
Hier sind zwei Verfahrensweisen anwendbar, die sich gegensei-

tig ergänzen. Die eine bringt das Traumbild direkt im entsprechenden Körperbereich an. Man stelle sich zum Beispiel vor, die Katze habe in diesem Augenblick ihre Kralle im Handgelenk, oder man habe so sehr Angst, daß sich der Hals zuschnüre. Dieses Verfahren wird oft in wesentlich meditativere Zustände übergleiten. Nehmen wir einen Traum von einer gelben Rose an und stellen uns vor, daß die Verwendung der beschriebenen Technik zu einer Reaktion im Solarplexus-Bereich führte. In diesem Fall wird die gelbe Rose wie ein Phänomen (oder ein Bild) direkt im physischen Solarplexus des Körpers imaginiert. Diese Imagination wird in stiller meditativer Ruhe festgehalten. Man wird feststellen, daß dieser Vorgang oft einen tieferen Kontakt mit dem Sinn des Traumes bewirkt; außerdem vermag er die in ihm gebundene und abgebildete Energie zu integrieren.

Wir erwähnten ein zweites, weitergehendes Verfahren; dies ergibt sich daraus, daß Träume sich kompensatorisch zum Ich-Bewußtsein verhalten. Das besagt, daß sie Aufmerksamkeit auf die Bereiche zu richten suchen, die einer höheren Betrachtungsweise als zu sehr im Dunkel liegend erscheinen. Auch hier verwenden wir dieses Verfahren, sobald die entsprechende Körperstelle gefunden ist. Wir sagten, daß der Traum zu wenig berücksichtigten, unbewußten Körperbereichen Beachtung schenken will. Dieser Tendenz können wir entgegenkommen und den Traum weiterentwickeln. Wir wenden dem entsprechenden Körperbereich Aufmerksamkeit zu, am einfachsten, indem wir (falls das physisch möglich ist) diese Stelle mit der Hand berühren und ihr Wärme und Fürsorge gönnen.

Diese beiden Verfahren lassen sich ohne Schwierigkeiten kombinieren: Das Symbol wird im Körperbereich imaginiert, und gleichzeitig wird dieser einfühlend und akzeptierend mit der Hand berührt.

Wir haben bisher drei der wichtigsten Techniken zu Verständnis und Integration von Träumen behandelt, die alle das Traumphänomen einer direkten Sinndeutung zugänglich machen. Solche sinnorientierten Deutungstechniken haben ein wesentliches Kennzeichen: sie polarisieren das Phänomen des Traumes.

Durch sie werden Träume aufgeteilt in Tagesrest versus Kompensation, Inhalt versus Haltung, Traum versus Körper.
Sinn ist ein Phänomen, das sich auf das allgemeine Bewußtsein bezieht. Dieses ist es, was Sinn sucht und findet, ihn verneint oder akzeptiert. Das gewöhnliche Bewußtsein, das Ich-Bewußtsein, funktioniert durch Unterscheiden. Es teilt auf: Schwarz gegen Weiß, Oben gegen Unten, Liebe gegen Haß, Mann gegen Frau. Dieses Analysieren, dieses Aufteilen ist dem Ich-Bewußtsein wesenseigen. Polarisieren ist die Grundbedingung für die Fähigkeit des gewöhnlichen Bewußtseins, ein Phänomen zu verstehen. Deutung und Sinn von Träumen sind der Funktion des Bewußtseins eng verbunden und erfordern folglich eine Zweiteilung des an sich einheitlichen Traumphänomens. Wird nach Sinn gefragt, so wird Erkenntnis betont, d. h. der intellektuell-mentale Bereich. Der eventuelle Sinn des Traumes befriedigt das Denken.
Wir erwähnten nun aber anfangs, daß dieser Aspekt die erste oder äußerste Schicht des Traumphänomens ausmacht. Werden Träume als Energiephänomen betrachtet, so liegt das Interesse woanders. Hier geht es vor allem darum, das Traumerleben wie auch das Erleben im Traum auszuweiten, wobei es wichtig ist, die in den Traumbildern gesammelte und verdichtete Energie weiterzubewegen. Denn diese Energie hat, falls keine weitere Bearbeitung erfolgt, die Tendenz, im Phänomen des Traumes gebunden zu bleiben, hier vorübergehend zu stagnieren. Das energiebezogene Interesse berücksichtigt wesentlich stärker den existentiell intuitiven Zugang zum Dasein.
Wird endlich nach dem Bewußtseinspotential von Träumen gefragt, so wird die tiefste Schicht des Traumphänomens berührt. Hier geht es weder um sinnhaften Inhalt noch um fließende Energie. Im Zentrum steht hier inhaltloses Bewußtsein, reine Bewußtseinsklarheit – die Frage: Wie können Träume unter dem Ziel einer Bewußtseinspotenzierung in Bewußtseinslicht transformiert werden? Dieser Aspekt berücksichtigt das meditative Streben, die geradlinige Entwicklung zu höherem Bewußtsein.

Zur Symbolsprache: Allgemeines und Literaturhinweise

Dieses Buch will nicht grundlegendes Symbolverständnis vermitteln. Wir betrachten dies nicht als unwichtig, sind aber der Auffassung, daß es zu diesem Thema schon viel gute Literatur gibt. Freud und besonders Jung bemühten sich intensiv darum, die Gesetzmäßigkeiten der Symbolsprache zu entschleiern. Vor allem seit Jungs Arbeiten ist jedes naive wörterbuchhafte Verzeichnis von Traumsymbolen und ihren Bedeutungen als irreführend anzusehen.

Symbolisches Denken will gelernt sein. Seine erste Voraussetzung ist das Verständnis dafür, daß ein Symbol so gut wie immer zwei Aspekte hat: einen positiven und einen negativen. Symbole, besonders archetypische Symbole, sind ursprüngliche Einheiten, jenseits von Gut und Böse, von Positiv und Negativ. Darum wird das Resultat des Zusammentreffens von Symbol und unterscheidendem Bewußtsein die Aufteilung des Symbols in zwei Teile sein, in Hell und Dunkel, Positiv und Negativ. In sich selbst ist es aber ambivalent, weder negativ noch positiv, sowohl negativ als auch positiv. Es ist eine Ganzheit. Solange das normale unterscheidende Bewußtsein auf ein Symbol angewandt wird, zeigt dieses grundsätzlich eine positive und eine negative Seite. Umfassendes Verständnis, vollständige Deutung eines Symbols erfordert aber beide Aspekte. Das macht eine eindeutige wörterbuchhafte Symbolerklärung unmöglich. Auf empfehlenswerte Literatur sei jedoch kurz hingewiesen:

Freuds und Jungs Bücher sind immer noch Grundwerke. Sie haben auch nützliche und ausführliche Symbolregister.

Ein sehr ansprechendes neueres freudianisches Werk über Träume ist *The Meaning of Dreams* von Calvin S. Hall.

In *Der Traum und seine Deutung* beschreibt Ernst Aeppli eine lange Reihe konkreter Traumsymbole unter Jungschen Gesichtspunkten. Dies ist ein überaus nützliches Handbuch.

Raymond de Becker hat unter dem Titel *The Understanding of Dreams* ein recht gutes Buch über Träume geschrieben, in dem er

Jung mit Bachelard kombiniert. Auch hier findet sich eine Behandlung spezifischer Symbole.
Ein wirklich guter Überblick über die hier genannten Schulen der Traumdeutung, mit besonderer Berücksichtigung von Perls gestaltorientierter Schule, ist in Ann Faradays *Die positive Kraft der Träume* zu finden.
Für diejenigen, die sich eingehender mit der Symbolsprache befassen möchten, folgen hier kurze Hinweise auf einige Autoren, die wesentliche Gebiete erforscht haben:
Mythologische – besonders griechische – Symbolik wurde von Karl Kerenyi beschrieben. Mircea Eliade hat schamanistische Symbolik und einen Großteil der sogenannten primitiven Symbolik erforscht. Bei Heinrich Zimmer findet sich eine reiche Auswahl indischer Symbole, während Joseph Campbell sich vor allem mit religiösen Symbolen beschäftigt hat.
Schließlich ist noch das große *Handwörterbuch des deutschen Aberglaubens* zu erwähnen, ein vorzügliches elfbändiges Nachschlagewerk mit einem unermeßlichen Reichtum an Symbolen. Die einzelnen Artikel sind gewöhnlich in einen positiven und einen negativen Abschnitt geteilt und wissenschaftlich dokumentiert.
Alle hier und zuvor genannten Werke über Träume arbeiten vor allem auf der Sinn-Ebene.

ZWEITER TEIL:

Traum und Energie

Kapitel 1: Selbsterkenntnis und Entwicklung

Der Individuationsprozeß läßt sich auf vielerlei Weise einteilen und beschreiben. Doch scheint ein charakteristischer Grundzug eine Aufteilung des gesamten Prozesses in zwei Stufen, oder besser: zwei Aspekte, zu sein. Der erste und fundamentale Aspekt betrifft die Vervollkommnung des Individuums. Aufgabe ist es hier, das normale Bewußtsein bis zu seinem Maximum zu entwickeln, den Umfang des Bewußtseins zu vervollständigen. Dieser Teil des Entwicklungsprozesses enthält mehrere Hauptgebiete. Ein Mensch, der Entwicklung im spezifischen Sinne anstrebt, muß damit beginnen, seine Schattenseiten kennenzulernen. Klar und deutlich gilt es zu erkennen, welche verdrängten Inhalte und nicht entwickelten Möglichkeiten, welche Bedürfnisse und Tendenzen im eigenen Innern enthalten sind.

Ebenso notwendig ist es, den eigenen Körper mit seinen Panzerungen, Blockierungen und Dysfunktionen zu kennen. Daher hat man zu allen Zeiten Körpertechniken als einleitende Disziplinen in echten entwicklungsorientierten Übungsprozessen angewandt. Hatha-Yoga ist ein solches System. In unserer Zeit scheinen andere Formen besser geeignet: die verschiedenen von der Tiefenpsychologie entwickelten, mit östlichen Praktiken kombinierten Körpertechniken wie Bioenergetik, psychische Massage, sowie Shiatsu usw.

Daß Hatha-Yoga, wie es scheint, seinen Zweck nicht mehr erreicht, liegt daran, daß im heutigen Menschen die Kluft zwischen dem Intellektuell-Mentalen auf der einen Seite und dem Körperlichen auf der anderen wesentlich gravierender ist, als es zur Zeit der Entwicklung des Hatha-Yoga der Fall war. Diese

Yogaform wurde für die damals existierenden psychosomatischen Strukturen entwickelt. Heute sehen die Menschen aber ganz anders aus. Hatha-Yoga wendet sich grundsätzlich an viel natürlichere, gesündere und unschuldigere Körper, als wir sie heute besitzen. Unser gewaltiges wissenschaftliches Eindringen in Biologie und Medizin ist Ausdruck einer ganz anderen Haltung gegenüber dem Körper und dem In-ihm-Sein. Will man also die notwendige elementare Arbeit an der Wahrnehmung und Befreiung des Körpers tun, muß man andere, zeitgemäßere Techniken verwenden.

Die kombinierte Arbeit mit dem Schatten und dem Körper führt in den nächsten grundlegenden Bereich: den emotionalen. Entwicklung im eigentlichen Sinn ist nur möglich, wenn der Mensch seine eigene Emotionalität kennt und beherrscht. Selbsterkenntnis und kathartische Therapieformen können dazu führen, daß ein Mensch seine eigene Emotionalität wahrnehmen und erfahren kann. Energiekanalisation und Meditation sind notwendig, um das eigene emotionale Potential zu beherrschen – es nicht zu verdrängen, sondern zu steuern.

Der letzte Bereich innerhalb der entscheidenden ersten Stufe oder dem ersten Aspekt des Individuationsprozesses ist der sexuelle. Es gilt, die eigene Sexualität, so wie sie ist, wahrzunehmen und zu fühlen wagen. Alle angelernte Moralität, Schuldgefühle, Verdrängung und Idealisierung müssen verschwinden. Entwicklung zu höherem Bewußtsein wird von der Unkenntnis des sexuellen Potentials gehemmt, teilweise sogar unmöglich gemacht.

Die erste Stufe des Entwicklungsprozesses besteht also im Erkennen und Abstimmen zumindest folgender vier Bereiche: des Schattens, des Körpers, der Emotionalität und der Sexualität.

Wie erwähnt, verwendet ein Mensch in seinem Bewußtsein nur etwa 10 Prozent seiner gesamten biopsychischen Energiemenge. Diese 10 Prozent werden gewöhnlich allzu einseitig verteilt, zum Beispiel in Karriere, Machtgier, Sexualität, Geborgenheit, Rollenspiel usw. Verteilte man die zur Verfügung stehenden 10 Prozent harmonisch oder gleichmäßig über alle psychophysischen Bereiche, so wäre das Ergebnis ein integrierter, in sich ausgewogener Mensch, mit einem Gefühl für das Selbst oder doch einer Ahnung, was dieses Selbst ist.

Im zweiten Teil des Individuationsprozesses geht es nun um eine Potenzierung, eine qualitative Erweiterung des Bewußtseins zu höherer Bewußtheit. Diese Entwicklung vollzieht sich in quantitativen und qualitativen Sprüngen. Stellen wir uns einen Menschen vor, der nicht über 10, sondern über 20 Prozent der gesamten Energiemenge verfügt, so wird das Bewußtsein dieses Menschen nicht nur quantitativ weitergekommen sein, sondern es wird außerdem seine Qualität geändert haben.

Dies läßt sich an der Entwicklung von Kindern beobachten. Der Vergleich eines Säuglings ohne Ich-Erfahrung mit einem Ich-erfahrenen kleinen Kind zeigt einen quantitativen und qualitativen Sprung zwischen beiden. Die Entwicklung des Bewußtseins vollzieht sich dimensional. Das Neue erscheint erst, wenn eine Dimension geleert, gesättigt ist. Hat diese Sättigung stattgefunden, ohne daß die Entwicklung ins Stocken geriet, so erfolgt ein sprunghafter Durchbruch in eine ganz neue Bewußtseinsdimension. Das Ich ist eine neue Bewußtseinsdimension im Verhältnis zum Ich-losen Bewußtsein. Höheres Bewußtsein ist eine neue Bewußtseinsdimension jenseits des Ichs.

Der zweite Aspekt, die zweite Stufe, ist die Arbeit auf einen solchen quantitativen und qualitativen Sprung hin, und das bedeutet einen Durchbruch in eine neue, höhere Bewußtseinsdimension jenseits des Ichs.

In diesem Kapitel wollen wir einige fundamentale Prozesse und Techniken beschreiben, die mit dem ersten und dem zweiten Aspekt der Individuation verbunden sind.

Emotionale Träume und der Schatten

Der Schatten wird von Jung als der Bereich eines Menschen charakterisiert, den dieser nicht als zu sich gehörig erkennt und der innerhalb des Bereiches des Geschlechtsbewußtseins liegt.

Für einen Mann konstituieren also unbekannte Seiten seiner Männlichkeit den Schatten, für eine Frau unbekannte Seiten ihrer Weiblichkeit.

Der Schatten ist eng mit dem Emotionalen verbunden, doch sind diese beiden Bereiche nicht ganz identisch. Es gibt Schattenseiten, die nichts mit den Emotionen zu tun haben; und es gibt viel Emotionalität, derer der Mensch sich voll bewußt ist. Doch schließt der Schatten den unbewußten und unkontrollierbaren Teil der Emotionen ein. Die Tatsache, daß jemand anders notwendig ist, um zum Beispiel meinen Zorn auszulösen, zeigt, daß in diesem Zorn tiefe Unbewußtheit ist. Dieser unbewußte, oft auslösende oder motivierende Faktor der Emotionen gehört dem Schatten an: es sind unbekannte und nicht kontrollierte Seiten der Persönlichkeit außerhalb des Ich-Bewußtseins. Diese unbewußten Teilpersönlichkeiten sind teils in Körperblockierungen zu finden, teils werden sie auf andere Menschen, Institutionen, Parteien und dergleichen projiziert. Unbewußte Persönlichkeitsaspekte, ob sie nun Schattenseiten genannt werden oder sich als Emotion oder Projektion tarnen, tragen dazu bei, den Menschen abhängig und unfrei zu machen.

Weitaus die meisten gewöhnlichen Träume sind entweder Schattenträume oder emotionale Träume. Solange der Schatten nicht erkannt oder integriert ist, sieht sich der Traummechanismus gezwungen, ständig emotionale Unstabilität zu kompensieren und Projektionen unbekannter Teilpersönlichkeiten zu korrigieren. Erst wenn die Nachtseiten akzeptiert sind, wenn das emotionale Leben erkannt, ausgelebt und beherrscht ist, kann sich der Traummechanismus tiefen Ebenen der Psyche zuwenden.

Emotionale Träume sind schlicht Träume, die von einer oder mehreren Emotionen beherrscht werden, wie Angst, Aggression, Trauer, Verlangen, Tristheit, Leere, guter Laune, Wagemut. Es ist die Funktion dieser Träume, solche Emotionen zum Ausdruck oder zum Bewußtsein zu bringen, die entweder nicht genug erkannt bzw. ausgedrückt oder aber übertrieben ausgedrückt wurden. Die emotionalen Träume haben eine ausgleichende, regulierende Funktion. In einem Entwicklungsprozeß dienen sie dazu, die Emotionen des wachen Lebens zu erkennen, auszudrücken und zu korrigieren. Jemand, der eigentlich Zorn fühlte, diesen Zorn aber nicht ausdrückte, träumt, ein Hund beiße ihn in den rechten Arm. Der nicht ausgedrückte Zorn wendet sich also gegen den Träumer selbst. Die Tatsache, daß er überhaupt einen so klaren Traum produzieren kann, zeigt eine Bereitschaft, das nächste Mal das Verhalten ändern zu können oder es zu wagen, der Traum ist also integriert, wenn der Träumer das nächste Mal in einer Situation echt ist, indem er den gefühlten Zorn ausdrückt.

Oder jemand erleidet einen Wutanfall und träumt, ein Löwe beiße einem Unbekannten den Kopf ab. Der Traum weist darauf hin, daß der Rasende den Kopf verlor und somit das Bewußtsein von einer anderen Seite des Sachverhalts. Der Unbekannte, dessen Kopf die Raserei (der Löwe) verschlungen hat, personifiziert die Nuancierung der Situation, für die die Raserei blind ist. Wiederum offenbart der Traum die Bereitschaft, die Raserei zu beherrschen – nicht zu unterdrücken, sondern zu steuern. Die Beherrschung ergibt sich aus der Fähigkeit, nicht erst im Traum, sondern schon zu Beginn der Raserei aufmerksam dafür zu sein, was diese an sich selbst übersieht.

Spezifische Schattenträume sind dadurch charakterisiert, daß sie Figuren enthalten, gewöhnlich von gleichem Geschlecht wie das des Träumers. Diese Traumfiguren können unbekannt sein, was zeigt, daß die unbewußten Persönlichkeitsanteile nicht auf andere, wirkliche Personen projiziert sind. Oder die Verkörperungen des Schattens im Traum können erkennbare, also bekannte Personen sein, was zeigt, daß die unbekannten Persönlichkeitsanteile auf die real existierenden Menschen projiziert sind, die in den Träumen auftauchen.

Eine Untersuchung der Verwandlungen von Elementen des Schattens in einer Traum-Serie zeigt, daß die Träume die unbekannten Persönlichkeitsanteile dem Traum-Ich stetig näherzubringen suchen. Ein vollständiger Integrationsprozeß des Schattens sieht sehr oft folgendermaßen aus:

Zuächst taucht das Schattenthema selbst aus dem Unbewußten auf: In einem Traum zeigt sich eine ferne unbekannte Figur. In den folgenden Träumen wird sich der so abgebildete Persönlichkeitsanteil mehr und mehr dem Traum-Ich nähern, entweder als positiv helfende oder als negativ feindliche Gestalt. Der Handlungsverlauf wird die beiden Teile allmählich miteinander in Berührung bringen; sie werden zum Beispiel miteinander reisen oder gegeneinander kämpfen usw., wodurch das Verhalten des Schattenelements in das Traum-Ich überführt wird. Dieser Prozeß wird, dank der Tatsache, daß das Traum-Ich durch die Einbeziehung des Schattens allmählich ebenso handeln wird wie dieser, dazu neigen, den unbekannten und projizierten Persönlichkeitsanteil bewußt zu machen. Wenn ich Pazifist bin und im Traum auf einen Soldaten stoße, vermag ich auch weiterhin mein Ich-Bild zu bewahren; ich kann mich weigern, zu fühlen oder zu verstehen, daß der Soldat zu mir gehört. Lockt der Soldat mich aber in einen Zweikampf, kann ich nicht länger daran festhalten, daß ich im Traum Pazifist sei. Und bin ich erst einmal im Traum von meinem Schatten berührt, ist der Weg zu einer Integration in die wache, bewußte Selbstauffassung und das wache Verhalten gebahnt. Akzeptiert das Ich den Schatten, so tauchen in den Träumen darüber hinausgehende Symbole auf.

Technik

Auf der Grundlage des oben skizzierten natürlichen Traumprozesses, der den Schatten organisch zu integrieren sucht, läßt sich die sogenannte tiefenpsychologische Meditation über den Schatten entwickeln.

Zunächst ist eine klare und deutliche Schattenfigur aus dem Traum zu finden, eine bekannte oder unbekannte Person. Man setzt sich entspannt hin und stellt sich diese Schattenfigur gegenübersitzend vor. Darauf wird das Gefühl vergegenwärtigt, das man im Traum gegenüber dem Schatten hatte. Schließlich erfolgt eine Identifikation mit dem Schatten, worauf man sich vorstellt, daß man – mit dem Schatten identisch – von weißem Licht durchströmt wird. Dieses weiße Licht ist das allgemeinste und

naheliegendste Symbol höheren Bewußtseins oder der Energieform mehr integrierter Zustände.
Diese Technik ist auf Situationen übertragbar, in denen man im wachen Leben Schattenprojektionen auf eine konkrete Gestalt der persönlichen Umgebung lokalisiert hat. Man setzt sich und imaginiert die reale, den Schatten tragende Person gegenübersitzend. Darauf ruft man sich die Emotionen ins Bewußtsein, die die Schattenprojektion kennzeichnen (Haß, Verachtung, Bewunderung, Unsicherheit). Unterdessen sucht man in sich selbst die Züge wiederzufinden, die an der erwähnten Gestalt eben die unkontrollierbaren Gefühle auslösen. Dies kann zum Beispiel die Feigheit des anderen sein, die meine Verachtung auslöst; meine emotionale Verachtung aber zeigt, daß ich selber feige bin und diese Tatsache nicht sehen kann oder sehen will. Darum belaste ich den anderen, der vielleicht objektiv feige ist – und wer ist das nicht – mit meiner eigenen projizierten und unerkannten Feigheit, was wiederum die Verachtung auslöst, deren Zweck es ist, so sehr zu lärmen und zu vernebeln, daß ich diese meine eigene Feigheit unaufhörlich vergessen und übersehen kann. Auf diese Weise vergrößert man den Splitter im Auge des anderen zum Balken.
In der letzten Phase dieser Übung stelle man sich weißes Licht über oder in der konkreten Schattenperson oder durch sie hindurch vor. Diese Imagination drückt das Bemühen aus, die reale emotionale Verbindung mit dem anderen mit höherem Bewußtsein zu durchdringen; auf diese Weise wird die Projektion aufgehoben, und beide profitieren.
Abschließend muß erwähnt werden, daß die hier angedeutete Arbeit an den Emotionen und am Schatten in sich selbst nicht ausreicht. Kathartische und körperorientierte Techniken werden zusätzlich notwendig sein.

Sexuelle Träume und Gegengeschlechtlichkeit

Es ist die unmittelbare Funktion sexueller Träume, nicht voll akzeptierte oder erkannte sexuelle Impulse ins Bewußtsein zu bringen. Wenn Umstände, Ideale oder Moral es nahelegen, eine Begegnung frei von Sexualität zu halten, gleichzeitig aber in einer tieferen Schicht der Persönlichkeit sexuelle Impulse oder Phantasien geweckt wurden, so verrät sich dies in den Träumen durch die Abbildung sexueller Energie in direkter oder symbolisierter Form. Sexualität ist ein Aspekt oder ein Ausdruck der fundamentalen unspezifischen Energie. Folglich verändert die Sexualität sich beständig. Werden ihr keine Hindernisse entgegengestellt, strömt und fließt sie frei.

Herabsetzung oder Einschränkung der Sexualität zwingt daher die Träume, die sexuellen Impulse auszudrücken und zu kanalisieren. Die Situation im Europa der Jahrhundertwende war von einer allgemeinen Verdrängungstendenz gegenüber dem Sexuellen geprägt. Die Träume jener Zeit waren daher überreich an direkten oder symbolisierten sexuellen Bildern. Dies sah und beschrieb Freud bekanntlich, und dadurch bahnte er der Sexualität einen Weg zurück ins Bewußtsein. Auf diese Weise wurden die Träume von der Arbeit befreit, die sexuelle Energie abzubilden und zu bewegen.

Wenn Entwicklung stattfinden, wenn ein Mensch wirklich wachsen soll, muß der sexuelle Aspekt so vollständig wie möglich akzeptiert werden. Zunächst ist der Umfang, die Spannweite im Sexuellen zu erkennen, und hier geht es darum, dies ohne Verurteilung zu sehen. Darauf gilt es, den Körper so weit wie möglich von den Anstauungen sexueller Energie zu befreien, die jeder Mensch mit sich trägt. Endlich ist die tiefere Bedeutung und Funktion der Sexualität zu verstehen.

Träume von Sexualität sind unmittelbar hilfreich für den Einblick in eventuell unterdrückte, tabuisierte oder schlicht übersehene Sexualität. Diese Träume können dazu beitragen, Sexualität bewußt zu machen, und hierdurch wird der Traummechanismus für die Beschäftigung mit tieferen Schichten der Persönlichkeit frei.

Sexuelle Träume und die Beobachtung der sexuellen Funktion an sich zeigen, daß Sexualität eine integrative Kraft ist. Sie sucht voneinander getrennte Persönlichkeitsteile zu vereinen, die Aufmerksamkeit zu wecken und projizierte gegengeschlechtliche Aspekte der Persönlichkeit offenzulegen.
Die Bedingung für gewöhnliches Bewußtsein ist, daß eine Unterscheidung stattfindet. Bewußtsein teilt auf: Je mehr Nuancen, je mehr Klassifikation, je mehr Aufteilungen es gibt, desto größer ist die Bewußtseinsklarheit. Bewußtsein trennt, Sexualität bringt zusammen.
Zunächst besteht Einheit: zwischen Mutter und Kind, bewußt und unbewußt, männlich und weiblich. Darauf folgt Trennung: Geburt, Ich-Bildung, Geschlechtsbewußtsein. Entwicklung als Evolution wie auch als Wachstum setzt Unterscheidung voraus, Trennung der ursprünglichen Einheit. Sollen Evolution und Wachstum sich aber fortsetzen, kommt ein Zeitpunkt, da das Getrennte in höherer Einheit erneut vereint werden muß. Diese zusammenführende, im tiefsten Sinne wachstumsfördernde Tendenz ist das innerste Wesen der Sexualität.
Darum kann Sexualität den Weg zu höherem Bewußtsein weisen. Ohne sie trüge die trennende Tendenz den Sieg über die verbindende davon. Ein Verständnis der integrativen Tendenz der Sexualität transformiert diese in höheres Bewußtsein. Entwicklung ist nicht Kampf gegen Sexualität, sondern tiefe Einsicht in ihr Wesen. Die frei fließende Sexualität hat zwei Richtungen: nach außen in Sex, zu Lust, Spiel, Fortpflanzung; nach innen, in die Persönlichkeit hinein, zu Integration und höherem Bewußtsein. Manche leben nur die Außenseite der Sexualität, andere leben beide Seiten, wenige leben nur die innere.
Ein wichtiger Punkt ist dieser: Wird die Sexualität gehemmt, verurteilt, eingeschränkt, so findet eine Abspaltung statt. Teile des sexuellen Aspekts werden abgetrennt. Die Sexualität wird in Moral, Ehe, Konvention eingesperrt. Das Wesen der Sexualität ist aber Synthese. Und die Tendenz zur Synthese bildet ein Gegengewicht zur spaltenden Tendenz. Der Kampf gegen die

Sexualität hat daher nur *ein* klares und unfehlbares Ergebnis: Die Sexualität steigt an, wird verstärkt. Am Ende wird alles sexualisiert. Wird sie dagegen akzeptiert und in Frieden gelassen, gibt die Sexualität ihr Geheimnis frei: sie selbst verrät, daß sie zwei Richtungen hat, daß sie, nach außen gewendet, Lust und Spiel geben, daß sie aber auch, nach innen gewendet, zu höherem Bewußtsein führen kann. Und nur ein Mensch, der nie einen Schimmer höheren Bewußtseins kannte, kann die nach außen gewandte Sexualität mit ihrer Lust und ihrem Spiel vorziehen. Ein Mensch, der erfahren hat, was höheres Bewußtsein ist, wird zusammen mit seiner Sexualität nach außen wie nach innen fließen.

Wir wollen uns etwas eingehender mit einer bestimmten Form von sexuellen Träumen beschäftigen: den Träumen von Gegengeschlechtlichkeit. Solche Träume wurden von Jung Anima- und Animus-Träume genannt, denn die Anima ist die innere Weiblichkeit des Mannes, der Animus dagegen die innere Männlichkeit der Frau.

Grundsätzlich ist jeder Traum vom anderen Geschlecht zur Psychologie der Gegengeschlechtlichkeit zu rechnen. In der Praxis sind es jedoch nur wenige Träume dieser Art, bei denen sich eine meditative Behandlung lohnt. Wir wollen uns damit begnügen, diesen speziellen und überaus bedeutungsvollen Typus gegengeschlechtlicher Träume zu behandeln.

Träumt ein Mann von der Anima, so trifft er auf eine Frau, deren Atmosphäre und Ausstrahlung ohne Beispiel in der Wirklichkeit sind. Natürlich gibt es bei diesen Träumen Gradunterschiede, die innere Weiblichkeit kann einem mehr oder weniger total abgebildet, mehr oder weniger vollständig entgegentreten. Das Maximum eines solchen Traumes ist ein vollgültiges und vollständiges Bild der gesamten inneren Weiblichkeit. Die Faszination eines solchen Traumes ist begreiflicherweise überaus intensiv. Der Mann begegnet in aller Klarheit seiner anderen Seite.

Entsprechend wird sich der Traum einer Frau von ihrem Animus gestalten. Dieser innere Mann ist das Urbild hinter allen äußeren

Liebesneigungen, der Animus ist die eigentliche Quelle des Verliebtseins.
Findet in solchen Träumen ein Koitus statt, so wird dies im allgemeinen eine neunmonatige Traumsequenz in Gang setzen, deren Ergebnis ein Geburts- oder Wiedergeburtstraum ist: das Resultat, die Frucht der Begegnung zwischen den männlichen und den weiblichen inneren Energien.
Die Bedeutung dieser spezifischen gegengeschlechtlichen Träume ist überaus groß. Selbst wenn der Traum eine reale Person zur Abbildung der Gegengeschlechtlichkeit verwendet, werden die meisten Menschen unmittelbar fühlen, daß diese Gestalt nicht der äußeren Welt angehört, sondern ein inneres Phänomen ist. Der Traum gibt daher eine direkte Erfahrung der inneren Seite der Sexualität, der inneren Geschlechtspolarisierung. Solche Träume können vielen Menschen beweisen, daß eine Liebesneigung auf der Projektion eines inneren Bildes beruht. Vor dem Hintergrund eines solchen Erlebnisses ist es möglich, zu fühlen und zu verstehen, daß die Sexualität nicht nur einen äußeren Mann und eine äußere Frau zu vereinen vermag; sie kann auch den inneren Mann und die innere Frau vereinigen. Und die Harmonie, die Ganzheit, die Stärke eines solchen Erlebnisses ist einzigartig.
Ein anderer Aspekt dieser Träume ist, daß sie etwas über den gesamten Energiestrom eines Menschen zur Zeit dieses Traumes aussagen. Im allgemeinen strömt die in uns befindliche Energie in viele verschiedene Richtungen. Etwas in der Persönlichkeit will dieses, ein weiteres will etwas anderes. Diese Aufsplitterung ist ein Grundzug. Trotz dieser Zerstreuung und oft Gegensätzlichkeit der Energie wird das gesamte Ziehen und Zerren und Abwägen dennoch in einer realen Bewegungsrichtung resultieren, die dem Ich jedoch im allgemeinen verborgen bleibt. Der entscheidende Punkt ist nun, daß die tatsächliche Richtung und Bedeutung des Lebensstroms durch einen Traum des besprochenen Typus augenblicklich klar wird.
Die innere Gegengeschlechtlichkeit macht die Art der Faszination sichtbar. Es ist, als stünde man an einem Fluß. Man kann

gegen den Strom gehen, kämpfen und müde werden – oder aber mit dem Strom fließen, mit Hilfe der natürlichen Stromrichtung. Die Erfahrung zeigt, daß es sich selten lohnt, gegen den eigenen inneren Lebensstrom zu schwimmen.
Ein Traum von Anima und Animus in der hier skizzierten Form ist daher von großer Bedeutung, da mit seiner Hilfe die Richtung des inneren Energiestroms sichtbar wird, so daß man ihr folgen kann.
Ein Kaufmann denkt daran, sein Geschäft zu erweitern, weil es gut geht, und nun träumt er von einer weiß und gold gekleideten Frau, die ihn mit einer Kerze in der Hand in ein Labyrinth führt und ihm schließlich einen leuchtenden Edelstein zeigt. Die Anima weist ihn in die Psyche hinein, ins Innere der Persönlichkeit, nicht etwa nach außen in die Welt. Ist der Kaufmann klug, versteht er, daß der Drang zu Erweiterung und Anbau symbolisch zu verstehen und nach innen zu wenden ist.
Typisch ist, daß Träume dieser Art die Richtung nach innen oder außen zeigen. Menschen, die lange mit Meditation und Entwicklung gearbeitet haben, werden, anders als im erwähnten Beispiel, oft Träume dieser Art haben, die ebenso deutlich den Weg in die äußere Handlung, zu Beisammensein und Aktivität in der äußeren Welt zeigen.

Technik
Eine Untersuchung der natürlichen Entwicklung gegengeschlechtlicher Träume in einem Traumprozeß ergibt folgende Struktur: einleitend tritt die gegengeschlechtliche Gestalt auf, und zwischen den beiden Elementen, dem männlichen und dem weiblichen Energiepol, entsteht ein Spannungsfeld. Später bilden sich, in stetig wachsender Intensität, Grade der Vereinigung oder Integration ab: gewöhnlicher Koitus, ritueller oder mythologischer Koitus, vereinende Symbole in Gestalt von Hermaphroditen, Mandalas usw., und schließlich Träume mit Einheits- oder Identitätsgefühl, zum Beispiel im Traum ein Wissen davon, daß man selbst beide Pole verkörpert, oder telepathische Kommunikation. Da die Gegengeschlechtlichkeit Quelle erotischer und

sexueller Projektionen ist, und die Substanz jeder Projektion Leere und Illusion, ist die Substanz von Anima und Animus letztlich Verschleierung von Leere. Diese innere Leere ist nun aber keineswegs ein nur negatives Phänomen. Leere ist ein Bereitsein, eine Rezeptivität, eine Einladung zu höherem Bewußtsein.

Ein Verständnis des inneren Wesens von Sexualität als Vereinigung aus vorheriger Trennung läßt deren relativen Charakter deutlich werden: Das beim anderen Geschlecht Begehrte und Gesuchte kann dort nicht gefunden werden, solange es sich dabei um das handelt, was anfänglich von mir selbst ins andere Geschlecht hinverlegt wurde. Eine innere, unmittelbar unzugängliche Lichtquelle bestrahlt das andere Geschlecht und macht es attraktiv: strahlend. Diese innere Lichtquelle läßt sich nicht dadurch finden, daß man zum anderen Geschlecht geht. Die Lichtquelle ist im Innern, die Projektion ist Verschleierung, Spiel, ein Deckmantel.

Die innere Seuxalität sieht danach so aus, als gäbe es zwei Pole, den männlichen und den weiblichen; als seien sie voneinander verschieden. Von einem höheren Gesichtspunkt aus sind sie aber nicht verschieden; beide sind mein Selbst. Beide Pole sind Aspekte der übergeordneten Einheit der Persönlichkeit. Die Polarisierung der inneren Sexualität ist die nächste Illusion oder Verschleierung.

Sexualität verbindet, sie zeigt aber auch, daß die anfängliche Trennung letztlich ein Spiel, ein Zeitvertreib, ein notwendiger Betrug ist. Daher ist die Substanz der inneren Gegengeschlechtlichkeit, die ja als verschieden von mir selbst erlebt wird, Leere, ist Gegengeschlechtlichkeit verschleierte Leere, Illusion.

Dieses Fallen aus der ursprünglichen Einheit ist notwendig für das Entzünden von Bewußtein. Soll sich das Bewußtseinslicht aber zu höherem Niveau entwickeln, so ist es notwendig, die Illusion der Gegengeschlechtlichkeit zu durchschauen.

Vor diesem Hintergrund läßt sich die Technik aus dem natürlichen Traumprozeß erschließen: sie erscheint durch die Grade

von Selbst-Durchsichtigkeit und Selbst-Entschleierung der Gegengeschlechtlichkeit hindurch.
Zunächst wird eine klare Bildmanifestation der Gegengeschlechtlichkeit im Traum gesucht. Hierauf setzt man sich und imaginiert die Traumgestalt gegenübersitzend. Die Atmosphäre des Traumes – Anziehung, Anbetung oder was immer es war – wird erneut gefühlt. Jetzt identifiziert man sich mit dieser Traumgestalt. Man ändert ganz einfach sein Geschlecht, langsam und meditativ, auf der Grundlage der Stimmung und der gegengeschlechtlichen Gestalt des Traumes. Abschließend stellt man sich vor, daß die so erschaffene Gestalt, die man selbst ist, hohl ist – die Empfindung, eine Art Rohr, ein Schleier zu sein, ein Instrument, auf dem das Göttliche spielen kann.
Diese Technik läßt sich zur Bearbeitung von Projektionen einer Faszination oder Verliebtheit in wirkliche Menschen anwenden. Der Vorgang ist der eben beschriebene, und auf diese Weise lassen sich sexuelle Projektionen auflösen und verwandeln. Es versteht sich jedoch, daß diese Technik der Verinnerlichung nur anwendbar ist, wenn ein wirkliches Zusammenleben mit einem Menschen nicht erwünscht ist.

Träume von Weisheit

Träume von Weisheit unterscheiden sich von allen bisher berührten Traumtypen durch ihre Tendenz, aus sich selbst heraus verständlich zu sein. Zumal wenn sie in reiner Form auftreten, sind sie dem Träumer unmittelbar begreiflich, so daß es keinen Grund und oft sogar nicht einmal eine Möglichkeit zur Deutung in gewöhnlichem Sinn gibt. Diese Träume sprechen keine fremde, ferne oder unverständliche Sprache, sie sind klar und direkt.
Der zweite charakteristische Zug dieser Art von Träumen ist, daß hier meistens ein personifizierter Repräsentant auftritt für das, was man Weisheit nennen kann. Bisweilen kann der Traum seine

Weisheit aber auch in symbolischer Form ausdrücken, allerdings in Symbolen, deren Kern nicht die Deutung, sondern die Numinosität ist. Weisheit kann sich auch in der Form von Tieren repräsentieren, zum Beispiel kann eine Schlange in solchen Träumen Weisheit ausstrahlen. Hier wollen wir uns aber mit einer genaueren Betrachtung der Träume begnügen, in denen die Ebene der Weisheit sich in Form eines Weisen oder einer weisen Frau abbildet.

Für Menschen, die mit diesem Traumtypus in Berührung gekommen sind, ist er leicht erkennbar. Der Träumer hat keinen Zweifel, daß eine Begegnung mit jemandem, der Weisheit ausstrahlt oder Weisheit ist, stattgefunden hat. Nährt man Zweifel, so tut man gut daran, den Traum nicht diesem Typus zuzurechnen. Umgekehrt kann das Fehlen von Zweifel – oder, positiv formuliert, die vollkommene Sicherheit, daß es Weisheit war – als das Kriterium gelten.

Weisheitsträume stellen sich ein, wenn ein Mensch in seinem Entwicklungsprozeß allmählich mit tieferen Schichten seiner Persönlichkeit in Berührung kommt. Solange das Ich und das Bewußtsein als Zentrum der Persönlichkeit betrachtet werden, manifestieren Weisheitsträume sich nur zufällig und momentan. Nimmt die Persönlichkeit dagegen Fühlung mit einer übergeordneten Steuerung und Einsicht auf, die sozusagen vom Selbst oder vom sogenannten höheren Selbst, ausgeht, so beginnen sich Träume von Weisheit regelmäßiger einzustellen.

Einem Menschen, der im wesentlichen von seinen Emotionen beherrscht wird und seine Schattenseiten in tieferer Bedeutung noch nicht eingesehen und integriert hat, wird, wie wir sahen, zwangsläufig der Traummechanismus teils zur Abreaktion, teils zur Kompensation der Emotionen dienen. Schließlich ist es die Funktion der Träume, wieder und wieder auf den Schatten aufmerksam zu machen. Solche emotional überschatteten Menschen können daher im allgemeinen auch nur emotionale und schattengebundene Träume im Gedächtnis behalten. Entsprechendes gilt bei sexuellem Ungleichgewicht.

Je besser ein Mensch dagegen seine Schattenseite kennt, seine

Emotionen beherrscht und seine Sexualität anerkennt, desto größere Freiheit gewinnt der Traummechanismus, die tieferen, direkt aus dem höheren Selbst stammenden Impulse der Persönlichkeit zu spiegeln und bewußt zu machen.
Weisheit gehört zum Wesen des Menschen, sie kann aber nur in Augenblicken der Stille und Klarheit im Bewußtsein erscheinen. Wenn die Emotionen wogen, der Schatten im Hintergrund lärmt, die Sexualität lockt oder bekämpft wird, ist das Bewußtsein chaotisch wie wirbelndes Wasser. Erst eine stille, klare Oberfläche ermöglicht Spiegelungen von größerer Klarheit.
Über den Inhalt von Weisheitsträumen läßt sich sagen, daß sie sich im allgemeinen mit der Entwicklung der Persönlichkeit befassen, oft sogar mit weitergehender Entwicklung zu Meditation und höherem Bewußtsein. Die aus diesen Träumen strömende Information ist daher grundsätzlich direkt in Handlung umsetzbar, es sei denn, der Traum weist statt dessen Meditationstechniken oder andere Formen regelmäßiger Entwicklungsübungen auf. Es ist daher charakteristisch, daß ein Mensch nach einem solchenTraum in entscheidenden Punkten sein Verhalten oder seine Einstellung ändern wird. Diese Änderung manifestiert sich möglicherweise erst, wenn die angegebenen Übungen oder Meditationen über längere Zeit ausgeführt wurden. Es versteht sich, daß der Prozeß ins Stocken kommt und der Dialog mit der Ebene der Weisheit erliegt oder verstümmelt wird, wenn der Rat solcher Anleitungsträume nicht befolgt wird.
Häufig ist der in den Träumen auftretende Repräsentant der Weisheit (es können auch mehrere sein) erkennbar. Es kann sich um eine Gestalt handeln, die Jahr um Jahr identisch in diesen Träumen auftritt und die Entwicklung zu überwachen und anzuleiten scheint.
In meinen eigenen Träumen erschien in den ersten Jahren zum Beispiel Jung. Es war der alte, weißhaarige Jung, der hier die Weisheitsschicht verkörperte; er teilte Informationen über Träume mit, die erweislich nicht aus seinen veröffentlichten Arbeiten stammten – mit diesen war ich voll vertraut. Dieser verinnerlichte Jung zeigte unter anderem, wie man durch ver-

schiedene Formen von Mandalazeichnungen einen aktiven Imaginationsprozeß beginnen kann, und gleichzeitig gab die demonstrierte Technik faktisch eine Deutung dieser Träume. In einem der letzten großen Träume, in dem Jung vorkam, gab dieser mir das Buch, das später unter dem Titel *Individuation* konkrete Gestalt erhielt. Der letzte Traum mit Jung behandelte den meditativen Prozeß; sein entscheidendes und packendes Moment war, daß Jung mich an einen mir unbekannten erleuchteten tibetischen Lama verwies, der von nun an meine Entwicklung führen und die Überwachung des meditativen Prozesses korrigieren und übernehmen solle. Acht Jahre lang hat dieser östliche Meister in Traum und Meditation den Entwicklungsprozeß geleitet und gleichzeitig Anweisungen und Meditationstechniken für die Gruppen gegeben, mit denen ich gearbeitet habe.

Diese Ebene der Weisheit, die letztendlich das höhere kollektive Bewußtsein repräsentiert, ist, wie hieraus hervorgeht, keineswegs etwas Abstraktes, Fernes. Sie ist im Gegenteil eine sehr konkrete Funktion, die durch diese hochintensiven sogenannten Weisheitsträume den Entwicklungsprozeß zu höherem Bewußtsein reguliert. Ein Kontakt mit diesem Typus von Träumen befreit überdies den Menschen von einer oft beschwerlichen und bisweilen auch gefährlichen Abhängigkeit von real existierenden spirituellen Lehrern und diversen Therapeuten.

Interessant ist nun auch, daß Weisheitsträume den Träumer bisweilen an konkrete lebende Lehrer weisen, weil der innere Lehrmeister der Meinung ist, dort seien wichtige Dinge zu lernen. In einem solchen Fall ist der Betreffende dennoch frei von der unselbständig machenden und tiefen – wenn auch für manche zeitweise notwendigen – Abhängigkeit von einem äußeren Lehrer.

Der primäre Zweck der Bearbeitung von Träumen, wie sie in diesem Buch dargestellt wird, ist eben, dem einzelnen zu einem Kontakt mit dem Bereich des inneren Lehrmeisters zu verhelfen. Ist dieser Kontakt hergestellt und gefestigt, wird die höchste geistige Autorität stets im Innern der Persönlichkeit liegen –

auch dann, wenn gleichzeitig eine sekundäre äußere Anleitung stattfindet.

Fehlt einem Menschen das Bewußtsein vom eigenen inneren Lehrmeister, wird sich der Bereich der Weisheit oder die Lehrmeisterfunktion natürlich auf einen vorhandenen Therapeuten oder spirituellen Lehrer projizieren. Dieser Projektionstypus wird oft durch ein ungeklärtes Verhältnis zu Mutter- und Vaterfiguren erleichtert und vermittelt, Selbstvertrauen und Autorität sind mit dem Archetypus des Vaters assoziiert. Ist ein Mensch noch von den äußeren Vaterverhältnissen abhängig und darüber unbewußt, wird sich die Ebene der Weisheit im allgemeinen mit der Vatergestalt verbinden, und in diesem Fall kann sich die Projektion von Weisheit auf eine simple Autoritäts- oder Vaterfigur richten, die vielleicht selbst nie Kontakt mit innerer Weisheit hatte. Umgekehrt werden Vaterprojektionen oft auf Weisheitsprojektionen folgen: Hat ein Mensch Kontakt mit einem seriösen geistigen Lehrer aufgenommen, so wird diesem auch der Status des Vaters zuerkannt, weil der Schüler in sich selbst die Vaterproblematik noch nicht verstanden hat.

Ebenso wird sich die Mutter auf dieser Ebene des Lehrmeisters einbringen. Mit der Mutter verbinden sich Akzeptieren und Wärme. Solange ein Mensch Akzeptieren und Wärme im Äußeren sucht, so lange ist das Mutterproblem nicht gelöst. Natürlich strahlt ein seriöser Lehrer Akzeptieren und Wärme aus. Dies bewirkt eine Übertragung des Mutterbildes auf den äußeren Lehrer.

Ein Entwicklungsprozeß kann mit einem Verhältnis zu einem Lehrer beginnen, der nicht nur Vater und Mutter, sondern obendrein spirituelles Vorbild ist. Im besten Falle wird dieser Prozeß den Lehrer langsam vom Mutter- und Vaterbild befreien. Schließlich wird der äußere Lehrer dem einzelnen zu einem Kontakt mit dem inneren Lehrmeister verhelfen.

Dieser gewöhnlich stattfindende Prozeß läßt sich nun aber durch die Verwendung einer Kombination von Traumbearbeitung und Meditation sehr fördern. Wie wir gesehen haben, können nämlich Träume der Persönlichkeit zu einem schnelleren direkten

Kontakt mit der inneren Lehrmeisterebene verhelfen. Dieser Kontakt wird im weiteren Verlauf des Prozesses bei der Zurücknahme von Vater-, Mutter- und Lehrmeisterprojektionen unterstützend wirken.
Es scheint sich so zu verhalten, daß der leichteste und schnellste Weg zu einem Kontakt mit der Lehrmeisterebene über die Träume geht. Ist der Kontakt hergestellt, wird er sich zu intuitivem Kontakt mit dieser Ebene erweitern. Und später wird sich meditativer Kontakt einstellen.

Technik
Eine gründliche Beschäftigung mit den sogenannten Weisheitsträumen wird deutlich eine Gesetzmäßigkeit enthüllen. Was sich in Träumen als Weisheitsgestalt manifestiert, ist, wie erwähnt, letztlich der immer gegenwärtige, aber nicht immer bewußte Bereich der Persönlichkeit, den wir das höhere Selbst oder das höhere Bewußtsein nennen können. Im Rahmen eines Traumes von Weisheit erlebt das Traum-Ich diese im allgemeinen als etwas Äußeres, als eine andere Gestalt. Dieses äußerliche Verhältnis spiegelt die Tatsache, daß das Traum-Ich sich als noch verschieden vom höheren Selbst erlebt, auch dann, wenn tatsächlich Austausch und Kontakt stattfinden.
Es scheint nun eine Gesetzmäßigkeit zu geben, die besagt, daß Weisheit, wenn sie den Standort ändert und direkt ins Traum-Ich eintritt, ihren Charakter ändert und zu Licht oder höherem Bewußtsein wird. Wir können sagen: Was außerhalb des Traum-Ichs als Weisheitsgestalt auftritt, wird sich innerhalb des Traum-Ichs als Licht oder höheres Bewußtsein manifestieren.
Dieses Äquivalenzverhältnis zeigt zugleich, daß Weisheitsgestalten, von einem höheren Gesichtspunkt aus gesehen, projektiv sind. Es gibt daher zwei Stufen in Weisheitsträumen. Die erste ist die bisher beschriebene: hier stößt das Traum-Ich auf einen Weisheitsrepräsentanten außerhalb des eigenen Selbst. Merkmal der zweiten Stufe ist, daß das Traum-Ich von Licht durchströmt wird oder direkt in Zustände höheren Be-

wußtseins eintritt. Diese zweite Stufe kann nicht mehr als Traum im gewöhnlichen Sinn bezeichnet werden. Ein Traum ist nämlich dadurch charakterisiert, daß man aus ihm zu einem höheren Wirklichkeitsgrad erwacht: vom Traum zum Wachsein. Erfährt ein Mensch den beschriebenen Kontakt mit der Weisheit auf der zweiten Stufe, so wird das Erwachen oder die Rückkehr dagegen als Einschränkung, Sturz, Dämpfung des Bewußtseins weg vom Licht des Weisheitskontaktes oder dem höheren Bewußtsein in das normale wache Ich-Bewußtsein erlebt.

Dieser Zug der Weisheitsträume, daß sie sich zu Licht oder höherem Bewußtsein entwickeln können, zeigt, daß diese Träume auch aufgrund ihrer Position auf der Schwelle zwischen Traum und höherem Bewußtsein eine Besonderheit haben – anders als gewöhnliche Träume, die im Bereich zwischen Traum und kollektivem Unbewußtem oder Schlaf liegen.

Die Tatsache, daß äußere Weisheit in inneres Licht oder höheres Bewußtsein umgesetzt werden kann, wird jedem deutlich, der in Träumen oder in der Meditation diese Schichten berührt hat. Auch Gregory Scott Sparrow hat in seinem kleinen, aber ungewöhnlich informationsreichen Buch *Lucid Dreaming* diese Äquivalenz gefunden und beschrieben.

Die Bearbeitung eines Weisheitstraumes besteht vor allem darin, die klar einleuchtende Information in Handlung umzusetzen; es gilt den Ratschlägen des Traumes zu folgen.

Des weiteren ist es möglich, meditativ mit der Weisheitsgestalt zu arbeiten, um das Verhältnis zum höheren Selbst oder zu den im Traum manifestierten Lehrmeisterinstanzen zu verstärken und zu entwickeln. Hier läßt sich die Technik aus dem natürlichen Prozeß der Weisheitsträume ableiten:

Man setzt sich und imaginiert die Weisheitsgestalt über dem eigenen Kopf schwebend. Hierauf stelle man sich ein klares weißes Licht vor, das von einem noch höheren Punkt ausströmt; dieses Licht durchströmt die Weisheitsgestalt und, tiefer, die meditierende Person. Zahlreiche Erfahrungen haben gezeigt, daß die Körperentsprechung der Weisheitsebene auf der Spitze des

Scheitels liegt. Die Vorstellung von Licht, das durch den Lehrmeister und weiter durch den Meditierenden strömt, kommt dem spontanen inneren Erlebnis so weitestmöglich nahe.

Tiefenpsychologische Meditationen und Chakren

Eine Untersuchung der Verteilung und Plazierung der verschiedenen Körperstellen, die die Reflektionspunkte von Träumen sind, ergibt ein charakteristisches Muster. Die Körperstellen scheinen sich in sechs Hauptzonen über den Körper zu verteilen. Diese sechs Grundzonen entsprechen ziemlich genau den sechs Gürteln, die Reichs Forschungen im Muskelpanzer festgestellt haben. Nun ist es ganz natürlich, daß Träume die gleichen Reflektionszonen allgemein im Körper und insbesondere im Muskelpanzer aufweisen. Der Bereich des persönlichen Unbewußten entspricht körperlich den blockierten oder gehemmten Bereichen und Funktionen. Und da Träume kompensatorisch sind, versuchen sie, wie schon erwähnt, Aufmerksamkeit auf un- und unterentwickelte Bereiche des Bewußtseins und folglich auch des Körpers zu richten.

Diese sechs Hauptzonen sind, von oben nach unten gesehen, folgende: Zuoberst liegt der Bereich der Augenbrauen, dann der Mund-Hals-Nackengürtel. Die dritte Zone ist der Bereich von Brust, Herz und Schultern; diese Zone schließt oft die Arme mit ein. Unterhalb dieses Bereichs liegen Zwerchfellmuskulatur und Solarplexus. Der fünfte Ring umfaßt die Bauchmuskulatur und der sechste und letzte den Beckengürtel, die Sexualorgane und die Schenkel. Reich wunderte sich bekanntlich darüber, daß diese Muskelgebiete funktional und bedeutungsmäßig in Ringen oder Gürteln um die Längsachse des Körpers, das Rückgrat, geordnet scheinen.

Die Zuordnung einer sehr großen Zahl von Träumen zu den hier skizzierten sechs Hauptzonen bzw. Körperbereichen und ihre Einteilung in entsprechende Kategorien oder Typen führt zu dem sehr interessanten Ergebnis, daß diese sechs Traumtypen sich auch durch die Urbilder oder Archetypen, die in ihnen erscheinen, voneinander unterscheiden. Mit gutem Grund läßt sich von einer Ordnung in sechs Hauptkategorien archetypischer Symbole reden, die den sechs Hauptzonen des Körpers entsprechen. Träume sind also in sechs Haupttypen einteilbar, ob sie nun nach Körperbereichen oder nach Symbolkategorien geordnet werden.

Nun verhält es sich allerdings etwas komplizierter als bisher beschrieben. Eine Untersuchung der statistischen Verteilung von Träumen auf die sechs Klassen ergibt nämlich in etwa folgendes Bild: Verteilen wir die Träume nach den Reflektionspunkten im Körper, ergibt sich insgesamt eine ungefähr gleiche Verteilung. Werden die Träume aber nach archetypischen Symbolen geordnet, erscheint eine signifikant größere Anzahl in den unteren Kategorien als in den oberen. Eine Angabe genauer Prozentzahlen ist schwierig, da das diesen Überlegungen zugrundeliegende Material unter ungleichen Umständen und Kriterien eingesammelt wurde. Mit diesem Vorbehalt läßt sich also sagen, daß von den etwa 40000 Träumen, die (nach dem Stand vom Dezember 1986) die empirische Grundlage bildeten, mit 80 bis 90 Prozent in den drei unteren Kategorien lagen, während der Rest, also nur etwa 10 bis 20 Prozent den oberen drei Kategorien zuzurechnen waren.

Um zu verstehen, warum sich die Körperbereiche gleichmäßig, die Symbole dagegen ungleichmäßig verteilen, bedarf es einer Untersuchung der Entwicklungsstufen der Träume. Typisch ist, daß sich die Träume – nach Körperbereichen geordnet – gleichmäßig verteilen, ob ein Mensch sich selbst nun wenig oder gut zu kennen scheint.

Dagegen ist bemerkenswert, daß um so mehr Träume aus den drei oberen Symbolkategorien im Gedächtnis bleiben, je mehr ein Mensch um seine Innenwelt zu wissen scheint. Wir können daher annehmen, daß die gleichmäßige Verteilung der körperlichen Bezugspunkte der ausgleichenden Arbeit der Persönlichkeit entspricht. Das psychophysische System eines Menschen ist ohne Rücksicht auf seinen Entwicklungsgrad ständig damit beschäftigt, eventuelle Einseitigkeit und Verzerrung auszubalancieren, zu kompensieren und zu stabilisieren. Dieser erste Aspekt der Individuation scheint sich in der gleichmäßigen Verteilung der Reflektionspunkte von Träumen auf die sechs Grundzonen des Körpers widerzuspiegeln.

In dieser Hinsicht gleicht der Traummechanismus ungefähr einem Radar, das – gleich auf welcher Entwicklungsstufe – konstant die Persönlichkeit abtastet, körperlich wie auch psychisch, sowie durch Aufdecken von Ungleichgewicht oder Einseitigkeit unzweckdienliche Verhältnisse auszugleichen versucht.

Die ungleichmäßige Verteilung von Träumen auf die sechs entsprechenden Symbolklassen scheint dagegen deutlich die zweite Stufe der Individuation widerzuspiegeln: die spezifische Entwicklung in der Richtung höherer Bewußtseinsformen.

Die sechs Traumtypen, nach Körperbereichen und Symbolkategorien geordnet, scheinen nun genau den sechs Grundchakren zu entsprechen, die aus östlichen Entwicklungssystemen – Yoga, Tantra, Buddhismus, Taoismus und Zen – bekannt sind.

Die Chakren sind Teil eines sehr durchdachten und tiefgehenden Beschreibungssystems, das durch jahrtausendlange Arbeit und Erfahrung mit inneren und höheren Zuständen in der Persönlichkeit entwickelt wurde. Die Chakren haben zwei Hauptaspekte, die den zwei Funktionen der Träume entsprechen. Zum einen geht es bei den Chakren um Ausgleich und Regulierung in körperlicher und energetischer Hinsicht. Dieser Aspekt entspricht der ausgleichenden und regulierenden Funktion von Träumen, wie sie sich in deren Zuordnung zu den sechs Grundzonen des Körpers und gleichmäßiger Verteilung auf diese widerspiegelt. Zum andern haben die Chakren einen symbolischen, psychologischen Aspekt, der den sechs Symbolkategorien entspricht, die sich, als Teil ihrer spezifisch entwicklungsmäßigen Funktion, in Träumen zeigen.

Die Lektüre der östlichen Grundschriften zeigt, daß Chakren, je nach dem vorrangigen Aspekt, auf zwei verschiedene Weisen definiert werden: Soweit Chakren als Ausdruck der Lebensenergie verstanden werden, die in bestimmten Körperbereichen funktioniert und diese reguliert, werden sie als Zentren im menschlichen Energiefeld aufgefaßt, als Fokuspunkte der Ausstrahlung oder als Energiewirbel im sogenannten Energiekörper des Menschen. Werden die Chakren dagegen auf das Entwicklungsniveau eines Menschen bezogen, so werden sie als Fokuspunkte alternativen oder höheren Bewußtseins oder als psychologisch-symbolische Mandalas beschrieben.

Ebenso wie Träume haben auch die Chakren eine ausgleichende und eine entwicklungsspezifische Funktion. Aufgrund unserer langjährigen Erfahrungen sind wir zu dem Ergebnis gekommen, daß ein und dasselbe Grundphänomen sich in Traum *und* Chakra widerspiegelt. Daher scheint es zweckmäßig und überaus sinnvoll, die sechs Traumtypen auf die entsprechenden Grundchakren zu beziehen. Ebenso scheint ein Bezug der zwei Funktionen des Traumes auf die entsprechenden zwei Chakrafunktionen das Verständnis für den menschlichen Individuationsprozeß beträchtlich zu erweitern.

Im folgenden werden wir einige charakteristische Züge der sechs Symbolkategorien beschreiben und diese mit den sechs Grundchakren in ihrer psychologisch-symbolischen Funktion in Beziehung setzen.

Die bisher beschriebenen tiefenpsychologischen Meditationen sind wirksam in bezug auf den zugrundeliegenden kompensatorischen Aspekt des Individuationsprozesses wie auch auf seinen höheren entwicklungsspezifischen Aspekt.

In der Schattenmeditation wird vor allem mit dem emotionalen Bereich und seinen Reflektionen in den Körperblockierungen gearbeitet. In der Meditation mit der Gegengeschlechtlichkeit geht es um sexuelle Träume oder Träume von Anima und Animus. Beide Meditationsformen wirken vor allem stabilisierend und verstärken die notwendige Selbsterkenntnis.

Die hier charakterisierte Vorgehensweise wirkt auf eine Reinigung des Traumprozesses hin, wodurch der Traummechanismus für die Aufgabe frei wird, tiefere Schichten der Persönlichkeit abzubilden. Hierdurch erscheint der zweite Aspekt: Es zeigt sich,

daß diese Meditationsformen geeignet sind, einen Zugang zur Ebene der Weisheit zu öffnen, und das bedeutet, daß der zweite, höhere Aspekt des Individuationsprozesses aktiv wird.
Die Arbeit mit diesen Meditationsformen fördert nicht nur das Auftreten und die Registrierung von Weisheitsträumen, sondern gleichzeitig wird auch eine Gruppe von Symbolkategorien aktiviert, die den unteren vier Chakren angehören.

Die Elementsymbole

Der klassische Text zur Beschreibung der Chakren des hinduistischen Tantra ist Sir John Woodroffes berühmtes Buch *Die Schlangenkraft,* aus dem hervorgeht, daß zu jedem Chakra ein Element-Symbol und ein geometrisches Symbol und zu den fünf unteren Chakren auch ein Tiersymbol gehört. Der von Woodroffe wiedergegebene und kommentierte Text geht auf einen Tantriker namens Purnananda zurück, der dieses inhaltsreiche Werk vermutlich um 1577 schrieb. Im zweiten Kapitel werden wir anhand eines alchemistischen Textes aus dem frühen 17. Jahrhundert von Valentin Andreae aufzeigen, wie die westliche Tradition die Chakraprozesse abgebildet und charakterisiert hat.
Die Wahl dieser beiden Texte, eines östlichen und eines westlichen aus ungefähr der gleichen Zeit, hat zwei Gründe. Einmal sind es die zwei klarsten, eindeutig auf persönlicher Erfahrung beruhenden Texte über die Chakren, die uns bekannt sind. Zum anderen erwies eine Untersuchung modernen Traummaterials genau die gleichen Symbolkategorien, auf die beide Texte sich stützen.

1. Das Symbol des Erdelementes

Dem untersten Chakra, Muladhara oder Wurzelchakra, ist das Symbol des Erdelementes verbunden. Der körperliche Referenz-

punkt dieses Chakras ist der unterste Teil des Rückgrats, das Steißbein. Die Energie, die in diesem untersten Teil des Leibes pulsiert, ist mit der Ausscheidung des Erdelementes aus dem Körper verbunden, das heißt dem Defäkationsprozeß, in dem nicht umsetzbarer fester Stoff ausgeschieden wird. Hier befassen wir uns ausschließlich mit dem symbolisch-psychologischen Entwicklungsaspekt dieses Basischakras.
Erde symbolisiert das Feste, die physische, reale tägliche Wirklichkeit, in der wir leben, in der wir uns als physische Wesen bewegen.
Das Grundelement der weitaus meisten Träume ist das Erdsymbol. Alles Feste und Physische in Träumen gehört dieser Ebene an. Die Erde, auf der wir im Traum gehen und stehen, die in ihm auftretenden wirklichen Personen in ihrer stofflichen Erscheinungsform, Häuser, Städte, Geräte, Gegenstände, Autos, Fahrräder – all das ist Stoff, Erde, feste, physische Dinghaftigkeit.
Das Erdelement symbolisiert Energie in fester, physischer Gestalt. Es hat mit der Bewußtseinsform zu tun, die ein Erlebnis unserer selbst und unserer Umwelt als physische Gegebenheiten, als konkret umgrenzte lebende oder tote Objekte ermöglicht.
Psychologisch im Wurzelchakra zentrierte Menschen erleben das Physische als das Wahre, als das, was zählt. Jede materialistische oder realistische Lebensform hält sich an diese Grunderfahrung: Basis ist die Materie; das Physische ist die höchste Wirklichkeit, und Bewußtsein und Wissen um das Physische – Menschen, Natur und Dinge – und Kontakt mit ihm sind das Entscheidende.
Unser Körper mit seinen Muskeln, Zellen und Knochen ist Erde. Bindet ein Mensch sein Bewußtsein ganz an das Materielle, so kann es sich nicht von seiner Erdgebundenheit lösen. Wird alle Energie ins Physische projiziert, in Dinge und in Menschen als Dinge, so wird Entwicklung kaum stattfinden können. Die Bedingung für Entwicklung ist, daß die Identifikation mit der Erde – mit dem Körper, den Dingen, anderen – gelöst wird.

Soll sich das Bewußtsein über die Begrenzung und Geschlossenheit, die die Folge der Fixierung an das Physische ist, hinaus erweitern, so ist Energie notwendig, und diese muß zunächst aus der aktuellen Überbetonung des Physisch-Materiellen gezogen werden.
Selbstverständlich benötigt der Körper ein gewisses Optimum an Energie und Aufmerksamkeit für seine Funktionen, ebenso wie ein Funktionieren im physischen Alltag ein gewisses Maß an Energie erfordert. Es ist aber leicht festzustellen, daß die meisten Menschen unglaublich viel mehr an Energie auf das Materiell-Physische verwenden als notwendig und recht ist. Unsere Wohlstandsgesellschaft konsumiert Stoffliches in unerhörten Mengen: Nahrung, Kleidung, Dinge. Der Westen häuft Materielles jenseits alles Berechtigten um sich herum auf in Form von Grundbesitz und Wert- und Luxusgegenstäden.
Der einzelne Mensch scheint oft vom Physisch-Materiellen hypnotisiert; es ist wie ein Hunger, ein unersättliches Verlangen nach Stofflichem. Und soviel man auch konsumiert und zu füllen versucht – das Loch, die Leere bleibt so groß wie zu Beginn. Stoff für die Ernährung, Neuigkeiten, Zeitungsstoff, Stoff für Kleidung, Stoff für Sachen. Kunststoff und Stoff für Rauschzustände. Der unausgeglichene Verbrauch von Stoff gehört zum Symbol des Erdelements und zeigt die Fixierung an das unterste psychologische Zentrum auf, das die niedrigste Bewußtseinsform repräsentiert, die der Mensch entfalten kann.
Beginnt ein Mensch die selbsterschaffene Begrenzung zu verstehen, die darin liegt, sich nur mit dem Materiellen zu beschäftigen, so ändern sich die Träume. Wenn Energie und Bewußtsein sich aus dem physischen, materiellen Umsatz zurückziehen, verursachen sie Träume von drastischen oder fruchtbaren Änderungen im Erdelement, wie zum Beispiel Träume von Pflügen, von Aussaat; große Ausgrabungsarbeiten, Greifbagger, die die Landschaft verändern. Dramatischer zeigen sich diese Prozesse der Freisetzung von Energie als Abriß von Häusern, Zerstörung von Städten, Erdbeben und andere physische Katastrophen.
Wird die Identifikation mit dem stofflichen Erdelement gelöst, so

ändern sich die Energieinvestitionen im Alltag. Übertriebene Beschäftigung mit Essen, Karriere und Gegenständen wird in Richtung eines ausgeglicheneren und gelasseneren Engagements geändert.

Psychologisch zeigt sich die Identifikation mit Erde in starren Meinungen, einem rigiden Wesen und einer blockierten, gepanzerten Körperlichkeit.

Das Ideal der erdgebundenen Lebensform ist die Vorstellung einer gleichmäßigen Verteilung der basalen physischen Güter: Nahrung, Kleidung, Wohnung, Geld.

Wenn Loslösungen von den Energieinvestitionen in der physischen Wirklichkeit beginnen, öffnen sich Bewußtsein und Lebensform für eine fließendere und freiere Daseinsform. Transformation im Erdelement setzt die Symbolerscheinungen des Wasserelementes frei.

Der Beginn einer solchen Entwicklung bewahrt selbstverständlich ein gewisses ausgeglichenes Engagement im physischen Aspekt der Wirklichkeit. Das ist, was man wohlverstanden die Erdverbundenheit eines Menschen nennt. Die Fähigkeit, diese normale Wirklichkeit klar und gegenwärtig zu erleben und in ihr zu sein, ist eine Bedingung für einen harmonischen Entwicklungsprozeß.

Wie weit Entwicklung auch einen Menschen führen mag – geht sie regelmäßig voran, wird sie seine Fähigkeit zu totalem Handeln und Fühlen im gewöhnlichen, konkreten Aspekt der Wirklichkeit nicht vermindern. Entwicklung ist: genau sehen können, was gegeben ist – nicht mehr und nicht weniger.

2. *Das Symbol des Wasserelementes*

Das Symbol des Wassers ist mit dem Chakra der Bauchmitte verbunden, ein paar Zentimeter unter dem Nabel. Die Sanskritbezeichnung dieses Chakras ist Svadisthana, besser bekannt ist es aber unter seinem japanischen Namen Hara. In Zen wie auch im Karate ist dieses Chakra wohlbekannt und wird als genereller Zentrierungs- oder Schwerpunkt des Körpers und der Psyche

benutzt. Das größte System des Körpers zur Umsetzung von Wasser – Niere und Blase – liegt in diesem Bereich.
Das Wasser ist, wie Jung gezeigt hat, eines der umfassendsten Symbole für das Unbewußte an sich. So bildet sich das persönliche Unbewußte in Träumen von relativ geschlossenen Wassersystemen ab, von Seen, Fjorden, Buchten; das Meer hingegen symbolisiert das kollektive Unbewußte.
Jeder, der sich in einem Individuationsprozeß befindet oder sich nach innen gewandt hat, wird regelmäßig Träume von Wasser haben.
Verschmutztes Wasser drückt selbstverständlich innere psychische oder körperliche Verschmutzung aus, emotionales Chaos, nicht erkannten Schatten usw. Je klarer und sauberer das Wasser ist, desto mehr Durchsichtigkeit findet sich in der Persönlichkeit. Zu Eis oder Schnee gefrorenes Wasser symbolisiert im allgemeinen blockierte, gefrorene Energie, zum Beispiel Körperblockierungen oder steife, eingefrorene Verhaltensweisen, neurotische Strukturen und ähnliches. Eine Begegnung mit dem Meer entspricht der Begegnung des Ich-Bewußtseins mit den gewaltigen unbewußten Bereichen der Persönlichkeit. Je nach Einstellung des Ich-Bewußtseins zeigt sich das Meer in Träumen friedlich, aufgewühlt, faszinierend oder lebensbedrohend. Die Gefahr, daß das Bewußtsein vom Inhalt des Unbewußten überwältigt wird und in ihm ertrinkt, zeigt sich in Träumen von sintfluthaften Wassermassen. Der reinigende Aspekt des Wassers erscheint in Träumen von Bädern oder Waschungen, von Taufe und reinigenden Regenschauern.
Psychologisch ist Wasser Symbol für eine fließendere und situationsnähere Daseinsform. Wird die Identifikation mit dem erdhaft Dinglichen gelöst, so beginnt sich die materielle Geschlossenheit zu öffnen. Ist man materialistisch eingestellt, wird man andere Menschen als in sich geschlossene Gegenstände erleben. Das Innere eines anderen Menschen bleibt unbekannt, seine Gedanken, heimliche Gefühle, Phantasien usw. Nur wenn der andere selbst berichtet, ist Kontakt mit seinem Inneren möglich. Wird nun aber die Identifikation mit dem Physischen gelockert,

erweitern sich die Grenzen der Persönlichkeit. Statt den anderen und sich selbst vor allem als abgeschlossene Form zu erleben, beginnt ein Erleben des Energiefeldes in dem und um den anderen und um die eigene Person. Und die Ausstrahlung, die uns umgibt, unser Energiefeld, ist nicht derart dinghaft umgrenzt und voneinander getrennt. Im Gegenteil, Menschen fließen, energetisch gesehen, ineinander. Dies bedeutet nicht, daß ein Mensch, der von Wasser träumt, automatisch diese Erlebnisse von Energiefeldern hat. Es bedeutet, daß sich die Bedingung für einen Wechsel der Erlebens- oder Bewußtseinsform allmählich im Unbewußten rührt und im Traumleben spiegelt. Profitiert der Betreffende nicht durch meditative Übung von diesen Möglichkeiten, so wird sich das Bewußtsein in seinen Erfahrungen nicht entscheidend erweitern.

Bisweilen kann die hier charakterisierte Erlebensform sozusagen einen Menschen überkommen. So kann man zum Beispiel ein Verschmelzen mit der Natur erleben oder, in sexuellem Zusammenhang, ein Verschmelzen mit einem anderen Menschen. Solche Ereignisse deuten die Bewußtseinsform an, deren Symbol das Wasser ist, oder sie greifen ihr vor.

In einer gegebenen Situation wird es einem der Energiestruktur des Erdelements verbundenen Menschen wesentlich erscheinen, in seiner Getrenntheit dazustehen, mit seinen festen Meinungen und unverrückbaren Standpunkten. Es erscheint ihm wichtig, zu argumentieren, den anderen zu gewinnen, zu überzeugen, Widerstand zu leisten, Contra zu geben usw. Die eigene Identität wird in den Unterschiedlichkeiten gesehen. Wenn die nächste Erlebensform von Energie die Persönlichkeit zu prägen beginnt, wird es attraktiv erscheinen, in einer Situation so zu sein wie Wasser in einem Krug: Dann geht es darum, die Situation zu füllen, flexibel und gegenwärtig zu sein.

Die Intensität, die in der Selbstidentifikation durch Unterschiedlichkeit, durch Geschlossenheit gegenüber anderen und der Situation entsteht, ist wesentlich geringer als die Lebensqualität, die durch Betonung spontaner, fließender, existentieller Gegenwärtigkeit entsteht. Ein erdgebundener Mensch antwortet und

reagiert aus vergangenheitsbezogenen und -bedingten festen Verhaltensweisen; ein wassergeprägter Mensch fließt in die augenblickliche Situation und reagiert aus ihr heraus.
Es ist wichtig zu verstehen, daß die hier beschriebene Bewußtseinsform und Erfahrungsweise nicht dem wohlbekannten Zerfließen gleicht, einer vagen Nachgiebigkeit. Es geht nicht darum, nur mit dem Strom zu schwimmen, wie die andern zu handeln. Wie andere zu handeln, ist im Gegenteil eine sehr verbreitete verdinglichende und abgeschlossene Verhaltensweise. Wie andere handeln, Mitläufer sein, heißt, sich in der Masse, in der Mode zu verlieren. Es bedeutet Verschwinden, die eigene Gegenwärtigkeit in der Situation zu reduzieren.
Geht das Bewußtsein dagegen in ein Energiefelderlebnis ein, so wächst die Gegenwärtigkeit, alles wird neu und lebendig. Kontakt zwischen einer Situation und der eigenen Person oder anderen wird vertieft. Es findet eine radikalere Begegnung statt. Zerfließendes Mitläufertum erfolgt gerade dann, wenn der einzelne nicht gegenwärtig ist; es zeigt fehlenden Mut zur Präsenz in der eigenen Andersgeartetheit. Es ist die negative Entsprechung der festen Ich-fixierten Getrenntheit eines erdgebundenen Menschen. Das Energiefelderlebnis ist eine höhere, sinnerfülltere Form des Kontaktes.
Diese beiden Arten, Energie zu erleben – fest oder fließend – schließen sich nicht aus, sondern ergänzen und bereichern einander. Nicht entweder-oder, sondern sowohl-als-auch.
Eine Betrachtung des Körpers zeigt, daß Energie in sich selbst auf Festes und Physisches ausgerichtet ist. Die Persönlichkeit hat selbst die Skelettstruktur des Körpers gebildet, womit ihre Energie eine physische und materielle Form gewählt hat. Es ist diese Tendenz, deren Fortsetzung die physisch fixierte erdgebundene Bewußtseinsform darstellt, die dazu neigt, die flexiblen Körperstrukturen in Blockierungen zu binden. Je stärker ein Mensch sich mit dem erdgebundenen Bewußtsein identifiziert, desto mehr neigt der Körper zu Erstarrung, zu Panzerung. Zahlreiche Formen muskulärer Erstarrung, Gicht, Verkalkung, liegen begründet in der übertriebenen, ungleichgewichtigen Identifikation

mit erdgebundener, zum Materiellen neigender Energie, mit erdgebundenem Bewußtsein. Bringt auf der anderen Seite Selbstentwicklung einen Menschen dahin, daß er an der eigenen blockierten Körperlichkeit arbeitet, zum Beispiel in der Form intuitiver Massage, bioenergetischer Übungen usw., so wird oft eine Auflösung der Blockierungen erlebt; bislang feste, zu Stillstand und Absterben tendierende Energie beginnt zu strömen, zu pulsieren und zu fließen. Der Körper wird lebendig, ein Durchströmen von Leben wird fühlbar.

Das Meer bildet, wie Jung es beschrieben hat, im allgemeinen das kollektive Unbewußte ab. Nun hat das kollektive Unbewußte die oft übersehene Eigenschaft, daß es kollektiv ist; es ist transindividuell. Im kollektiven Unbewußten sind die Menschen unmittelbar und von Anfang an miteinander verbunden. Das Ich ist ein späteres Getrenntsein, eine Isolation von einem ursprünglich kollektiven Feld.

Beginnt ein Mensch regelmäßig vom Meer zu träumen, so bedeutet dies eine Öffnung in das kollektive Unbewußte. Werden diese Traumerfahrungen meditativ ins Bewußtsein eingearbeitet, so wird sich das Bewußtsein erweitern und auch dieses kollektive Feld erfassen. Solange das kollektive Unbewußte ein Begriff zur Erläuterung von Träumen und Archetypen bleibt, wird das Bewußtsein seine Erlebnisform nicht ändern.

Wird das Bewußtsein dagegen meditativ geändert, so daß es die Erlebnisqualität des Wassersymbols erfaßt, erfolgt ein Bewußtwerden von Teilen des kollektiven, bisher unbewußten Feldes. In diesem Fall schließt das Bewußtsein in wachem Zustand Teile des kollektiven Feldes ein, die sich bisher nur in Träumen und Symbolen manifestierten. Dies ermöglicht eben die genannten Erlebnisse energiefeldhafter Natur, in denen der einzelne über das Bewußtwerden des bisher kollektiv Unbewußten kollektive Strukturen direkt um die anderen und sich selbst herum, in ihnen und zwischen ihnen erlebt. Eine Beschreibung der hier angedeuteten Meditationstechnik erfolgt später (s. S. 75).

Ein entscheidendes Verschieben der psychologischen Zentrierung vom Symbol des Erdelementes im Wurzelzentrum zu dem des Wassers im Harachakra erweitert das Bewußtsein, so daß es die bisher unbewußte Kollektivität einschließt. Das Bewußtsein – wenn es im Hara zentriert ist – erlebt die Zusammenhänge zwischen Menschen voll bewußt, die einem psychologisch im tieferliegenden Chakra zentrierten Menschen unbewußt sind.

3. Das Symbol des Feuerelementes

Das Feuersymbol ist mit dem Bereich des Solarplexus dicht unter den Rippen verknüpft. Dieses Chakra wird Manipura genannt, und seine Energiezirkulation ist mit dem körperlichen Feuer verbunden, wie es in der Verbrennung der Verdauung arbeitet. Träume, deren zentraler Inhalt Feuer ist, sind, wenn auch noch recht häufig, so doch wesentlich seltener als Träume von Wasser.

Das Feuer hat drei Hauptfunktionen. Sein deutlichster Aspekt ist der zerstörende: Feuer verbrennt stets etwas, um sich selbst zu erhalten. Eng mit diesem Aspekt verknüpft ist die reinigende, läuternde Funktion des Feuers. Der dritte Aspekt ist der transformative: Feuer als Bild der Triebkraft des Entwicklungsprozesses, das Feuer der Aufmerksamkeit, oder das der Meditation. Dieser Aspekt ist aus der westlichen Alchemie bekannt, deren Transformationen von einem stetigen, aber ruhigen Feuer genährt werden. Außerdem ist dieser Aspekt auch als Kundalini- oder Schlangenfeuer bekannt, das den yogischen oder tantrischen Prozeß in Gang hält.

Wenn etwas brennt, wird die latente oder unsichtbare Energie im Feuer sichtbar. Feuer ist ein Symbol für die Energiemenge, die ein System oder ein Gegenstand enthält. Stets wird Feuer eng mit seiner Grundlage verknüpft gesehen, es flammt um den brennenden Gegenstand.

Folglich symbolisiert Feuer ein Energieerlebnis, in dem die in einem gegebenen System oder Gegenstand enthaltene oder investierte Energie sichtbar gemacht wird.

In seinen niedrigeren Aspekten bildet Feuer das emotionale Engagement und die sexuelle Leidenschaft ab. Brennt daher etwas in Träumen, entspricht dies einer Änderung des Energieeinsatzes in diesem Phänomen, oft einer Änderung in Form eines Rückzugs. Steht der Arbeitsplatz im Traum in Flammen, bedeutet dies in der Regel, daß sich das Engagement in dieser Arbeit ändert, vermutlich so, daß die Libido sich zurückzieht. Der Zusammenhang des Traumes zeigt, ob es sich um einen unwiderruflichen Rückzug der Energie handelt – rein destruktive Träume; oder um eine Änderung des Engagements – läuternde, verwandelnde Feuerträume. Brennt etwas im Traum, so wird die in diesem Phänomen eingeschlossene Energie befreit oder sichtbar gemacht. Dieses Sichtbar- oder Bewußtwerden wird eine Änderung des Engagements in diesem Phänomen herbeiführen.

Da Feuer eng mit dem Emotionalen verbunden ist, wird ein Mensch, der eingehender mit diesem Bereich zu arbeiten beginnt, im allgemeinen Feuerträume im Gedächtnis behalten. Die Arbeit in diesem Bereich besteht vor allem darin, den gewaltigen Umfang des Emotionalen zu erkennen und zu erleben. Es gehört mit dem Sichtbar- und Bewußtwerden der Energieinvestitionen in Gegenstände und Personen der Umwelt zusammen, eigene Emotionen zu sehen und ihr inneres Feuer zu erleben.

Zunächst ist das Sehen und Erkennen der Emotionen notwendig. Darauf folgt emotionale Katharsis. Schließlich sind Kontrolle und Verwandlung des emotionalen Energieausdrucks möglich. Träume, in denen Explosionen, Vulkanausbrüche und dergleichen vorkommen, fordern zur Katharsis auf. Werden die emotionalen Stürme gestillt, und der dramatische, destruktive Aspekt der Feuerträume tritt in den Hintergrund, so stellen sich transformative Feuerträume ein. Die Radikalität der Verwandlung läßt sich an der Radikalität der zerstörerischen und reinigenden Feuerträume ablesen.

Handelt es sich um eine partielle Verwandlung, können einzelne wohldefinierte Bereiche oder Gegenstände brennen: der Arbeitsplatz, die Arbeitsmontur oder das Auto, ein Bekannter, ein Tier usw. Stehen entscheidende Veränderungen bevor, so brennt das eigene Haus, die Familie, die Eltern, man brennt selbst oder, als

Kulmination, die ganze Welt – alles um einen herum steht in Brand. Solche radikalen Träume kündigen umfassende Änderungen im gesamten Energie-Haushalt an: In den grundlegenden emotionalen und allgemein libidinösen Investitionen treten Regulierungen und Veränderungen, die eigene Person (das Ich) und die Umwelt betreffend, ein. Dies wird entscheidende Änderungen der Einstellung mit sich bringen, neue Richtlinien, neue Werte und Lebensformen.

Diese Art von Feuerträumen ist grundsätzlich zu beachten. Versteht das Bewußtsein nicht, was geschieht, und ist das Ich nicht zu großer Selbstrelativierung bereit, so können sich diese Träume zu chaotischen oder psychotischen Zuständen in der Persönlichkeit entwickeln. Wird dieser Prozeß aber von den transformativen Feuerträumen abgelöst, so beginnen sich die Fortschritte in der Entwicklung zu zeigen. Solche Träume bilden künstliches Feuer ab: kontrollierte Brände, Feuer in Öfen und Kaminen; Herdfeuer und alchemistisches Feuer. Dies wird oft die Wirkung der Entwicklungstechnik aufzeigen, die ein Mensch benutzt. Wird mit Meditation gearbeitet, so bildet sich deren Wirkung, Balance oder Schädlichkeit oft direkt in Träumen von Feuer dieser Art ab. Höhere Transformations- oder Entwicklungsträume zeigen den göttlichen Aspekt des Feuers: zum Beispiel eine brennende Lotusblume, die dennoch nicht verzehrt wird, oder eine flammende Aura um einen Meditierenden oder eine Weisheitsgestalt.

Träume von Feuer bedeuten die Möglichkeit eines neuen Energieerlebens. Auch hier gilt, daß das bloße Vorkommen dieser Träume nicht automatisch Bewußtseinsveränderungen mit sich bringt, die Energie sichtbar machen könnten. Werden die betreffenden Träume – besonders natürlich ihre eventuellen höheren transformativen Feuersymbole – aber in meditativem Bewußtseinstraining weiter bearbeitet, kann das Symbol des Feuers den Zugang zu einer weiteren Dimension des Erlebens und Bewußtwerdens von Energie eröffnen.

Das Feuersymbol bedeutet die Sichtbarmachung der in einem Phänomen enthaltenen Energie. Ein psychologisch im Feuercha-

kra zentrierter Mensch wird folglich die in einer Situation oder Persönlichkeit enthaltenen Energiemengen und verschiedenen Energiebewegungen und Qualitäten fühlen können, zum Beispiel unmittelbar die emotionale Ausstrahlung eines anderen Menschen empfinden, wahrnehmen, fühlen oder sehen. Wie das Feuer die sichtbar gewordene Energieaura um ein brennendes Phänomen ist, so ist die Ausstrahlung, die Aura, das sichtbar gewordene Energiefeld in einem Menschen und um ihn herum.
Das Bewußtsein kann in einer materiell-physischen Energieauffassung gebunden sein; in diesem Fall wird ein anderer Mensch fundamental als ein geschlossener Gegenstand erlebt, dessen Inneres verborgen und unsichtbar ist. Das Bewußtsein kann aber auch einer fließenden Auffassung von Energie folgen, wodurch Erlebnisse des Energiefeldes möglich werden. Es ist dann vorstellbar, durch einen anderen Menschen hindurchzufließen oder mit ihm zu verschmelzen oder die gemeinsame, kollektive Grundlage zu erleben. Schließlich kann das Bewußtsein sich für eine Energieauffassung von der im Feuer symbolisierten Art öffnen; hierdurch wird das Energiefeld um einen anderen Menschen als sichtbar erlebt, eine dem Bewußtsein zugängliche und symbolisierbare Ausstrahlung.
Feuer ist ein stärker gegenwärtiges Element als Wasser. Es existiert nur im Augenblick, nur solange es in seinen Flammen sichtbar ist. Es verwandelt sich ständig. Selbst eine ruhige Flamme ist eine konstante Produktion gleichartiger Flammen. Feuer ist ein Prozeß. Die im Feuersymbol dargestellte Erlebnisqualität ist ebenso ein ständig wechselndes, aber dennoch intensiv aufmerksames Bewußtsein von Wesen und Inhalt einer Situation. Dieses Bewußtsein deutet nicht aufgrund von Vergangenem oder Bekanntem, es verhält sich nicht gewohnheits- oder erwartungsgemäß zur Situation. Vielmehr sieht es die einmalige Energiekonstellation des Augenblickes und antwortet spontan, stets neu, direkt auf die spezifische Eigenart der jeweiligen Situation bezogen.
Ein Mensch in einem Entwicklungsprozeß zu höherem Bewußtsein im allgemeinen wird diese verschiedenen Energieaspekte in

bunter Mischung und anfangs in kurzen Momenten erleben. Erst nach langdauernder Übung lassen sich die verschiedenen, einander ergänzenden Energieaspekte kontrollierter anwenden. Ein derart geübtes Bewußtsein vermag je nach Bedarf den gewünschten Energieaspekt und die entsprechende Erlebnisweise zu benutzen. Auf ähnliche Weise kann das normale Ich-Bewußtsein den einen oder den anderen der gewöhnlichen fünf Sinne wahlweise betonen: man hört, sieht, riecht usw. Ebenso kann sich das höher entwickelte Bewußtsein entscheiden, den physisch-dinghaften Aspekt, das Erfahren von Energiefeldern oder die aurische Sichtbarmachung von Energie zu akzentuieren.

4. Das Symbol des Luftelementes

Der physische Reflektionspunkt des vierten Chakras liegt im Bereich des Herzens, umgeben vom Lungensystem. Mit diesem sogenannten Herzzentrum oder Anahata Chakra ist das Luftsymbol verbunden. Einatmen und Ausatmen, Ausweitung und Zusammenziehen des Herzens, Diastole und Systole, gehören zum Fokuspunkt dieses Bereichs.

Unter den Träumen, deren wichtigstes Symbol das Element Luft ist, gibt es solche vom Fliegen, sei es in Flugzeugen, Raumfahrzeugen oder auch ohne Hilfsmittel, tief oder aber hoch in der Atmosphäre, von wo aus die Erde in ihrer blaugrünen Gänze überblickt werden kann. Entscheidend wichtig ist es, zu verstehen, warum man in diesen Träumen fliegt.

So kann unterdrückte Sexualität dieses Fliegen bewirken. Fand ein Aufbau sexueller Energie statt, ohne daß diese Energie ausgelöst wurde, zeigt es sich oft, daß sich diese aufgestaute, nicht gelöste Energie in Träumen von ekstatischem Fliegen entlädt. In solchen Fällen hat sich die sexuelle Energie, da ihr der direkte Ausweg versperrt war, »erhoben« und »Flügel« bekommen. Aus Notwehr entdeckt sie in einer Art glücklicher Verzweiflung eine Verwandlungsmöglichkeit in Richtung auf Vergeistigung.

Eine ähnliche Art von nicht in echter Weise luftsymbolischen

Träumen sind solche, in denen Menschen in einer ausweglosen Situation (zum Beispiel von Gangstern in einem Hochhaus bedroht) in Angst oder Panik durch das Fenster springen und auf diese Weise zufällig entdecken, daß man in Träumen fliegen kann.

Diese beiden Arten von Flugträumen sind nicht zu den natürlichen Formen entwicklungsorientierter Träume zu rechnen.

Echte Flugträume sind nämlich dadurch gekennzeichnet, daß das Fliegen aus einem Befreiungsgefühl heraus erfolgt und nicht aus Angst, Fluchttrieb oder unterdrückter Sexualität. Fliegen ist ein Überwinden der physischen Schwere, eine Erhöhung, Vergeistigung, die darauf beruht, daß die Identifikation mit den tieferen, stärker physisch gebundenen Elementen und Energieformen für eine gewisse Zeit aufgehoben ist. Ein solches Fliegen wird sich oft, wenn auch nicht immer, in Richtung auf eine Symbolisierung der Ebene der Weisheit bewegen, was auf eine Verwandtschaft zwischen Weisheit und Herzzentrum hindeutet.

Allein die Tatsache des Fliegens im Traum bewirkt bisweilen eine Änderung des Traumbewußtseins. Selbst zu fliegen ist physisch unmöglich, und das Bewußtsein darüber sitzt so tief, daß die Tatsache des Fliegenkönnens im Traum bisweilen den Träumer ahnen läßt, daß er träumt. Hierdurch ändert sich die Bewußtseinsform; sie wird, was man luzid oder astral nennt.

Astrales Bewußtsein ist eine Zwischenform oder Kombination von Wachzustand und Traum. Kennzeichen des wachen Bewußtseins ist, daß man weiß, wer und wo man ist. Das Traumbewußtsein dagegen ist dadurch gekennzeichnet, daß man nur ganz schwach, oft gar nicht, weiß, wer man ist, und daß man entschieden nicht weiß, wo man sich befindet. Man glaubt, man sei in Afrika, und in Wahrheit liegt man daheim im eigenen Bett. Im normalen wachen Bewußtsein ist es unmöglich, das Innere, Unbewußte, Verborgene zu sehen. Im Traum dagegen ist alles Innere prinzipiell äußerlich sichtbar. Ich kann von meinen Stimmungen als gemalten Bildern träumen, von uralten, vergessenen, verborgenen Geschehnissen. In Träumen werden die inneren Organe, Zellen, Blutkörperchen usw. sichtbar. Die astrale Bewußtseinsform gleicht der wachen darin, daß ich weiß, wer und wo ich bin: nämlich schlafend in meinem Bett. Gleichzeitig ist es aber auch dem Traum ähnlich, denn alles Innere, Verborgene, Unbewußte wird direkt äußerlich sichtbar erlebt. Astrale Träume sind wache Träume.

Bei Halluzinationen und vielen psychotisch bedingten Wahrnehmungen handelt es sich um unkontrolliertes astrales Bewußtsein. Astrale Klarsichtigkeit dagegen ist kontrolliertes astrales Bewußtsein.

Etliche Flugträume gleiten in astrales Bewußtsein über – durch das Bewußtsein des Träumens im Traum. In solchen astralen Träumen werden klare Bildgestaltungen der eigenen Emotionalität, der eigenen Schattenseiten und Körperblockierungen erlebt. In höheren astralen Zuständen erfolgen Begegnungen mit dem eigenen höheren Selbst, wodurch diese höheren astralen Träume wiederum ihre Verwandtschaft mit den nicht astralen Weisheitsträumen zeigen.

Das wesentliche Kennzeichen des Luftsymbols ist seine Affinität zu Weisheit, Geist und Selbst. Solange ein Mensch das Ich und das Ich-Bewußtsein als Zentrum der Persönlichkeit erlebt, bleibt er an die Psychologie und die Erlebensformen der unteren Chakren gebunden.

Führt Entwicklung einen Menschen zu einem klaren Erlebnis der Tatsache, daß es ein höheres, übergeordnetes Zentrum gibt – das Selbst –, so beginnt sich das Herzzentrum zu öffnen; Erlebnisse und Gefühle stellen sich ein, die diesem Bereich zuzuschreiben sind. Nach Jung tendiert der Individuationsprozeß bekanntlich gegen ein an sich hypothetisches Ziel: ein Selbst zu sein. Jung meinte in der Praxis, der höchste ihm bekannte Zustand sei ein klares Gefühl des Ichs von seiner Relativität, davon, eine Funktion des höheren Zentrums des Selbst zu sein. Jung meinte aber, der Mensch könne seine Bewußtseinsform nicht entscheidend zum Selbst hin ändern. Darum lehnte er es ab, sich mit Meditation und höherem Bewußtsein zu befassen.

Jung hat, so kann man sagen, den Individuationsprozeß als zum Kontakt mit dem Herzzentrum tendierend beschrieben, zu einer

Öffnung dieses Zentrums im Fühlen des Selbst. In seinen Publikationen sah er es aber nicht als rechtens an, von Zuständen zu sprechen, in denen das Bewußtsein nicht nur ein Gefühl des eigenen Selbst hat und sich zuhörend zu ihm verhält, sondern den Standort entscheidend ändert und sich direkt im Selbst zentriert.

Erfahrungen scheinen nun aber zu zeigen, daß Träume von Weisheit, vom Geist, vom Luftsymbol und vom Selbst meditativ verwendbar sind und dadurch den Weg zu einer neuen Erlebensform von Energie öffnen können:

Feuer symbolisiert das Erleben von Energie, sichtbar geworden als aurische Ausstrahlung eines Menschen.

Luft symbolisiert das Erleben von Energie in freier Form, nicht mehr gebunden an ihren physischen Aspekt.

Diese Weise, Energie zu erleben oder ihrer gewahr zu sein, ermöglicht, daß man sich eines Energiefeldes bewußt wird, ohne daß der physische Aspekt dieses Feldes – wenn es einen solchen gibt – gegenwärtig sein muß. In dieser Bewußtseinsform ist es möglich, die Ausstrahlung oder das Energiefeld eines Menschen zu erkennen und zu berühren, ohne daß dieser Mensch physisch sichtbar oder gegenwärtig ist. Oder man kann in dieser durch das Luftsymbol angedeuteten Bewußtseinsform mit dem eigenen Bewußtsein das eigene höhere Selbst direkt umfassen und folglich direkt Information von diesem höheren Selbst empfangen.

Diese Zustände, die aus dem Fokuspunkt des Herzzentrums und seinen Symbolisierungen beschreibbar sind, liegen auf der Grenze zu deutlich höheren Bewußtseinszuständen.

Erlebnisse eines vollkommenen Heraustretens des Bewußtseins aus dem Ich-Mechanismus beginnen in diesem Chakra. Eine solche Erfahrung entsteht durch einen Bewußtseinswechsel vom Ich zum Selbst, vom Äußerlich-Zufälligen, dem Charakter und den Eigenschaften, zur Essenz.

5. Das Symbol des Lautelementes

Das Lautelement ist über die Stimme mit dem Halszentrum verbunden, dem Vishudda Chakra, dessen physischer Reflektionspunkt im Schilddrüsenbereich liegt. Träume oder besser: Zustände aus diesem Zentrum kommen recht selten vor. Sie finden sich fast nur bei Menschen, die bewußt und über längere Zeit an ihrem Entwicklungsprozeß gearbeitet haben. Charakteristisch ist, daß Laut bzw. Klang in diesen Erlebnissen eine alles beherrschende Rolle spielt. Musik, der Klang von Glocken, kosmische Klänge, die sogenannte innere Stimme der Weisheit, sphärische Töne – all dies sind Traumarten des Halschakras.
Das sich mit diesen Träumen und mit dem Entwicklungs-Aspekt des Halschakras verbindende Gefühl ist kosmisch, und was sich in diesen Lautsymbolen abbildet, sind kosmische Vibrationen. Dieses Gefühl drückt aus, daß der Kosmos Kosmos ist und einen Klang hat; ein Gefühl, daß alles, was ist, von einer Grundvibration getragen wird, wie es in der Einleitung des Johannesevangeliums ausgedrückt ist: »Im Anfang war das Wort, und das Wort war bei Gott, und das Wort war Gott«.
Energie als durch Laut symbolisierte Vibration entspricht einem höher bewußten Erleben des Energiefeldes. Von hier aus werden Phänomene als in ihren kosmischen oder universalen Zusammenhang eingefügt erfahren. Immer noch gibt es Geteiltheit, immer noch Dualität, aber es existiert Gleichgewicht, beide sind vom Gleichen durchströmt, und Einheit läßt sich ahnen.

6. Das Symbol des Lichtelementes

Das Licht ist mit dem Auge und der Zirbeldrüse verbunden. Der physische Reflektionspunkt dieses Zentrums – des Ajna Chakra – ist der Bereich zwischen den Augenbrauen. Träume aus diesem Bereich sind – wie die des Halszentrums – nicht Träume im gewöhnlichen Sinn. Ist das nächtliche Bewußtsein so erweitert, daß durch Klang oder Licht symbolisierte Zustände von ihm erfaßt werden, so tritt mit dem Erwachen nicht die nach Träumen sonst typische charakteristische Bewußtseinsverstärkung ein. Erwachen bedeutet ja den Übergang von einer gedämpfteren Bewußtseinsform, dem Traum, zu einer klareren, dem Wachsein. Werden Zustände des Laut- oder Lichtchakras erlebt, so hat das »Erwachen« oder, richtiger, die Rückkehr in den Normalzustand die Form des Zusammenziehens, einer oft schmerzhaften Verengung des Bewußtseins zurück in den wachen Normalzustand.

Solche höheren Träume sind von Licht erfüllt, und Erlebnisse dieser Art sind illuminativ. Lichtströme oder Lichtvisionen machen das Wesen des Traumes oder Erlebnisses aus. Dies sind eindeutig höhere Bewußtseinszustände, in denen Einheit, oder auch Erlebnisse von Einheit, die Bewußtseinsform konstituieren.

Ebenso wie sich in gewöhnlichen Träumen, in denen Laute – Stimmen oder Elemente der Musik – vorkommen, Zustände des Halschakras widerspiegeln können, kann sich auch das Licht das Ajna Chakras in gewöhnlicheren Träumen spiegeln.

Ob ein Traum spezifisch oder typisch für diese beiden Chakren ist, läßt sich an der Art des Erwachens nachprüfen. Das Kriterium ist eine Einschränkung des Bewußtseins. Der Traum ist höher als das wache Bewußtsein. Man kann sagen, daß ein Erlebnis der Laut- oder Lichtsymbolisierungen die wache Wirklichkeit, das wache Ich-Bewußtsein wie eine gedämpfte, traumartige Bewußtseinsform erscheinen läßt.

Erlebnisse der Bewußtseinsdimensionen des Hals- oder Augenbrauenchakras sind unverkennbar; denn diese Zustände transzendieren – in blitzhaften Andeutungen – jedes wohlbekannte Ich-Bewußtsein.

Reflexionen oder Schattierungen des Lichts vom Ajna Chakra finden sich aber bisweilen auch in normaleren Träumen. Das Licht, das den normalen Traum für den Träumer sichtbar macht, rührt teils von dem zum Traum-Ich reduzierten Ich-Bewußtsein her, teils von der den Archetypen eigenen Luminosität und teils vom überwältigenden Licht des höheren Bewußtseins. Dieses Licht des höheren Bewußtseins symbolisiert sich manchmal in Träumen von der Sonne. Erscheint diese in einem Traum, wird

hier stets ungewöhnlich viel Licht und Klarheit sein. Die Sonne scheint in Träumen letztlich ein Repräsentant, ein ferner Abglanz des Lichtes vom Ajna Chakra zu sein.
Manchmal gibt es auch Träume, in denen man die Sonne ansieht. Auf diese Weise läßt sich ein gewöhnlicher Sonnentraum in einen klareren Lichttraum überführen oder erweitern; und damit nähert er sich den typischen und reinen Träumen des Lichtzentrums. Sieht man im Traum die Sonne an, so ändert sie sich zunächst; und fortgesetztes Schauen verwandelt das sehende Bewußtsein in ein anschauendes, ein höheres, lichterfülltes Bewußtsein.

Das siebente Zentrum, das Kronenchakra oder Sahasrara, liegt über dem Scheitel; es hat mit endgültiger Transzendenz und Erleuchtung zu tun. Da eine Harmonisierung und Entwicklung der anderen sechs Chakren dieses Chakra automatisch entwikkelt, wollen wir es hier nicht genauer beschreiben oder behandeln.

Technik

Wie wir sahen, erscheinen die Elementsymbole im Verlauf des allmählich intensiveren Individuationsprozesses spontan in Träumen.
Begnügt sich die betreffende Person mit einem rein deutenden Verständnis oder einer entsprechenden Integration dieser Träume, so wird sich das Bewußtsein nicht verändern, und seine Entwicklung wird über die erste, die integrative und ausgleichende Stufe der Individuation nicht hinausgehen. Werden die Elementträume nur gedeutet, so wird, wie Jung gezeigt hat, die Entwicklung der Persönlichkeit zum Selbst im Herzzentrum als einem hypothetischen Ziel tendieren. Durch eine meditative Arbeit mit diesen Symbolen kann dagegen eine Ausbildung des Bewußtseins zu spezifisch höheren, Ich-transzendenten Zuständen einsetzen.
Die Technik ist in gewisser Hinsicht einfach. Zunächst wartet man, bis der Traumprozeß von selbst deutliche Träume der vier unteren Zentren – Erde-Wasser-Feuer-Luft – abgebildet hat. Da

es ohne meditative Übung schwierig ist, typische Träume des Laut- oder Lichtchakras im Gedächtnis zu behalten oder zu erleben, sind, wenn solche fehlen, auch die schwächeren Träume, zum Beispiel von Musik oder von der Sonne, verwendbar. Fehlt auch Erinnerung an derartige Träume, ist im Halschakra der Klang von Stille zu verwenden, und im Lichtchakra Stille an sich.
Wichtig ist, mit dieser Meditation nicht zu beginnen, bevor der Traumprozeß eine innere Bereitschaft zu ihr hat erkennen lassen. Daher ist unbedingt zu warten, bis deutliche Erde-Wasser-Feuer-Luft-Träume von der ausführlich beschriebenen Art hervorgebracht wurden. Die innere Bereitschaft ist wichtig, denn diese Meditationsform ist von tiefgehender Wirkung auf das Chakrasystem und die Struktur des Bewußtseins.
Die Technik sieht folgendermaßen aus:
In entspannter meditativer Position wird das den Träumen entnommene Erdsymbol im untersten Chakrapunkt imaginiert. Der entsprechende Reflektionspunkt liegt im Damm, zwischen Anus und Geschlechtsorganen (nicht im Steißbeinbereich, dem zweiten Reflektionspunkt des Erdchakras). Der Dammpunkt wird benutzt, weil er für die Regulierung der Energie nach unten durch die Beine von Bedeutung ist. Er reguliert energetisch die Verbindung zur Erde, das grounding.
In diesem Punkt läßt man das Erdsymbol etwa zwei bis fünf Minuten verharren. Dann richtet sich die Aufmerksamkeit auf das Harachakra, in dem ein Wassersymbol zwei bis fünf Minunten verharrt. Darauf meditiert man ein Feuersymbol im Solarplexus, dann ein Luftsymbol im Herzzentrum, einen Laut im Hals und schließlich Stille oder Licht im Augenbrauenbereich. Das dem jeweiligen Chakra zugehörende Elementsymbol wird imaginiert, und die meditative Aufmerksamkeit verbleibt dort jeweils zwei bis fünf Minuten. Hat die Meditation auf diese Weise auch das sechste Chakra zwischen den Augenbrauen erfaßt, so wendet sie sich in entgegengesetzter Richtung wieder abwärts. Diesmal genügt es allerdings, Chakrapunkt und Elementsymbol jeweils kurz zu streifen, um sogleich weiterzugehen. Die Meditation endet dort, wo sie begann, im Damm-Reflektionspunkt des

Wurzelchakras. Sie dauert also etwa 30 Minuten und sollte auch nicht weiter ausgedehnt werden.
Wendet man diese Meditation über einen längeren Zeitraum (z. B. drei bis sechs Monate) an, so wird der Traumprozeß im allgemeinen neue Elementsymbole poduzieren, die dann fortlaufend in die Meditationsübung aufgenommen werden, so daß diese immer die jeweils aktuellen Elementsymbole der Träume enthält.
Diese Technik bewirkt zweierlei: Zum einen werden das Bewußtsein von und die Sensibilität der physischen Reflektionspunkte der Chakren verstärkt. Dies hat eine ausgleichende und das Selbstverständnis stärkende Wirkung. Zum anderen wird das Bewußtsein darin geübt, innerhalb der immer subtileren Aspekte des Energieerlebens und der Energiemanifestationen, die die Elemente symbolisieren, freier zu arbeiten. Dies ist Vorbereitung und Übung für eine Bewußtseinserweiterung zu entschieden höherem Bewußtsein.
Abschließend sei darauf hingewiesen, daß von einem Spielen oder Experimentieren mit dieser Technik unbedingt abzuraten ist. Mit ihr zu arbeiten, ist nur dann ratsam, wenn volles Verständnis für die Konsequenzen und völlige innere Bereitschaft gegeben sind.

Die Tiersymbole

Den fünf untersten Chakren sind nach indischer Tradition Tiersymbole zugeordnet, bestimmte archetypische Facetten der tierhaft instinktiven Tiefen der Persönlichkeit. Diese Tierarchetypen hat Jung eingehend beschrieben, und ihre chakrabezogenen bildlichen Darstellungen wurden von ihm auf dem berühmten Tantra-Seminar von 1932 kommentiert, bei dem auch die Indologen Friedrich Hauer und Heinrich Zimmer anwesend waren.
Die Elementsymbole beziehen sich vor allem auf eine spezifische Art des Erlebens und Strukturierens von Energie. Andererseits ist

das Verständnis von Energie entscheidend für die Bewußtseinsform, in der eine Persönlichkeit funktioniert. Die Tiersymbole zeigen die Prozesse, Aufgaben und Veränderungen auf, die unter der Entwicklung von Selbsterkenntnis und Bewußtseinserweiterung in den grundlegenden animalischen Bereichen der menschlichen Natur stattfinden. Je höher das Bewußtsein entwickelt ist, desto tiefer dringt sein Licht in die dunkle instinktive Grundlage des kollektiven Unbewußten ein.

1. Der Elefant und die Symbole des autonomen Nervensystems

Die Inder sahen das Symbol des Elefanten im Muladhara Chakra. Dieses gewichtige halbgezähmte Säugetier bildet die Basisbereiche unserer eigenen Instinkthaftigkeit ab, die wir zum Teil unter die Kontrolle des Bewußtseins gebracht haben. Sein Symbol entspricht recht genau dem Archetypus des Pferdes in der westlichen Welt. Doch haben viele westliche Menschen Träume von Elefanten, die diese Schicht illustrieren.
Erscheinen Elefanten oder Pferde in eher archetypischen Zusammenhängen im Traum – ein wildes Pferd, ein Reiter zu Pferde, ein Pferd vor der Kutsche des Königs, ein leuchtendes Pferd –, so beginnt das Bewußtsein die Naturkraft, die Grundlibido zu sehen und zu entdecken, die sonst nur unbewußt und naturhaft im Lebens- und Anpassungsprozeß benutzt wird.
Das zunächst dämmernde und später klare Bewußtsein von dieser im Alltag ansonsten verschwundenen Kraft und Instinktreserve ermöglicht Fragen und Entscheidungen: Ist es zweckmäßig, dieses Potential täglich nur halb bewußt zu verbrauchen? Ist das alles, was man vom eigenen Leben, mit dem eigenen Leben will? Diese Fragen werden erst dann bedeutungsvoll, wenn Aufmerksamkeit dafür entsteht, wie Energie lediglich verbraucht wird. Wichtig ist, zu entdecken, daß ein Pferd auch zu anderem als zum Ackern verwendet werden kann. Das erwähnte Grundpotential läßt sich auch in einem Prozeß der Selbsterkenntnis einsetzen. Diese Elefanten- oder »Pferdestärken« können nach außen, in die Welt, oder nach innen, in das Selbst, gerichtet werden.

Lernt ein Mensch zufällig, durch einen Reifungsprozeß oder in neurotischer Selbstzugewandtheit, sein Instinktleben kennen, wird sich die Persönlichkeit ihrer tierhaften Stärke bewußt und versteht, daß diese Kraft lenkbar ist, nach innen oder nach außen investiert werden kann. Ist dieser Punkt erreicht, tauchen Symbole von Elefanten oder Pferden oft im Traum auf.
Zu Beginn ihres Lebens hat die Persönlichkeit keine Wahlmöglichkeit: Das Leben, die Instinkthaftigkeit strömt nach außen in die Welt. Die Umgebung, die Gesellschaft, die Zeit, die Eltern – all das leitet das Instinktleben des Kindes. Es gibt faktisch keine Wahl. Von einem bestimmten Zeitpunkt an ahnt der Mensch aber, daß doch eine gewisse Kontrolle möglich ist. Zunächst stolpert man darüber, daß man tatsächlich einen Teil der ursprünglichen tierischen Kräfte lenken kann. Als Symbol dieser beeinflußbaren Instinktgrundlage werden die erwähnten gezähmten, vielseitig verwendbaren Tiere gewählt.
Entwicklung wird nicht notwendig von derartigen Träumen begleitet, aber diese Möglichkeit der Entwicklung taucht im Bewußtsein auf.
Der automatische, ständige Energieaustausch im Alltag hat unter anderem mit dem autonomen Nervensystem zu tun. Über unbewußte und großenteils automatisch ablaufende Nervenimpulse werden die alltäglichen Verhaltensweisen und Handlungen aufrechterhalten. Der tägliche Gang zur Küche, das Zähneputzen, viele Stützprozesse beim Arbeiten, viele Gewohnheiten und Gedanken sind dem Brennpunkt des Bewußtseins entglitten, sie werden automatisch, ohne Bewußtsein ausgeführt, in einer Art Roboter- oder Schlafzustand. Kraft dieses Automatismus werden gewaltige Energiemengen im Alltag unbewußt umgesetzt.
Viele ursprüngliche Triebe und Impulse werden ebenfalls von einem automatisch funktionierenden Verdrängungs- oder Sicherungssystem umklammert, so daß sich im Alltag, der Persönlichkeit verborgen, oft Bedürfnisse und Impulse rühren, die durch Erziehung und Normierung tabuiert sind und daher außerhalb des bewußten Bereiches gehalten werden. Zwingen gewaltsame Begebenheiten, etwa ein Schock, oder der Entwicklungsprozeß das

Bewußtsein, sich diesen autonomen Nervenprozessen zu öffnen, so tauchen ihre archetypischen Symbolisierungen im Traum auf.
Werden die ursprünglichen richtungslosen Bedürfnisse berührt oder provoziert, können Schlangen im Traum auftauchen: richtungslose Sexualität, blinde Raserei, nackter Drang zum Überleben, zu Freiheit und Entwicklung; diese Urtriebe spiegeln sich in der Psychologie des Rückenmarksystems und im archaischen Schlangensymbol wider.
Insekten in größeren Mengen illustrieren das äußerst sensible spezifische autonome Nervensystem, und Echsen, Kriechtiere, Saurier symbolisieren dessen archaische Psychologie. Entdeckt ein Mensch aus irgendeinem Grund plötzlich oder allmählich, wie viel im Leben, in der Partnerschaft oder in der Arbeit Automatismus geworden ist, Gewohnheit, eine bewußtlose Routine reflexhafter Handlungen, Gedanken, Gefühle und Ansichten, so kann er dadurch von Angst erschüttert werden – ein Zustand, in dem im Traum zum Beispiel Insekten erscheinen können: Da wimmelt etwa die Aktentasche mit den Arbeitspapieren von Ameisen oder ein Bienenschwarm summt um das Haus oder den Arbeitsplatz. Dieser Traumtypus zeigt, welche gewaltigen Mengen automatischer Energie in Routine umgesetzt werden. Und diese Energie kann bewußt werden, kann den Ort ihres Eingeschlossenseins, den Bereich, in dem sie unbewußt zirkuliert, verborgen ist, verlassen. Und eben das ist es, was einen Entwicklungsprozeß in Gang bringen kann: Diese sichtbar gewordenen beweglichen Insekten-Energien können davonfliegen, können die Schlafbereiche des Alltags verlassen und das Bewußtsein tiefer in die Innenwelt führen.
Kriechtiersymbole – Krokodile, vorzeitliche Ungeheuer und Echsen – zeigen sich, wenn das gesamte autonome Nervensystem gefordert ist. Zur Zeit tiefgreifender Veränderungen, bei Krisen in Partnerschaft und Arbeit oder bei ernsthafer körperlicher Krankheit, wenn die gesamte vitale Existenz des Menschen auf dem Spiel steht, wird das uralte Überlebenspotential des autonomen Nervensystems aufgerufen – eine Herausforderung,

die sich im Auftauchen von Kriechtiersymbolen in den Träumen spiegelt.
Schlangen, Insekten und Kriechtiere sind Symbolisierungen der nervlichen Basis des Wurzelchakras. Solche Träume tauchen entweder auf, weil Veränderungen im normalen materiell-physischen Alltag bevorstehen, oder sie erscheinen in einer späteren Phase des Individuationsprozesses, wenn das erweiterte Bewußtsein auch diese, sonst unbewußten und verborgenen Prozesse widerspiegelt.
Die archetypische, animalische Symbol-Familie des Wurzelchakras illustriert den instinkthaften und nervlichen Hintergrund des erdverhafteten Bewußtseins. Und ein Bewußtwerden dieser Symbole deutet tiefgehende Veränderungen in den Energieinvestitionen der gewöhnlichen, um das Materielle zentrierten alltäglichen Lebensform an.

2. Zur Symbolik des Seeungeheuers

Die Sanskrittexte nehmen ein Fischungeheuer im Wasserchakra an, Makara, eine Mischung von Wal und Krokodil. Wird das Erdelement im Wasserelement flüssig, so besteht die Gefahr, daß das Ich-Bewußtsein in diesen Inhalten und Energiemengen ertrinkt oder von ihnen verschlungen wird. Gegenstände, Normen, Ansichten, die für den in der Psychologie des Erdsymbols zentrierten Menschen feststanden, beginnen sich jetzt aufzulösen. Man wird unsicher, zweifelt, alles fließt. In dieser Situation der Auflösung liegt die Gefahr, daß das Bewußtsein untergeht; man muß das fließende Unbewußte in all seiner Weite konfrontieren.
Urbild dieser Situation des Verschlungenseins ist Jona im Bauch des Walfischs. Wird dies nicht recht verstanden und behandelt, kann die betreffende Person in psychotische Zustände geraten, und es geht dann darum, die das Bewußtsein überschwemmenden unbewußten Inhalte und Stimmungen zu verstehen und zu integrieren. Weiß man, was geschieht, kann man es, ohne sich zu verirren oder zu ertrinken, auch verarbeiten. Wesentlich ist dabei

eine Orientierung über die jeweils bestehenden weiteren Möglichkeiten. Das Chakrasystem mit seinen Symbolkategorien ist eine hervorragende Landkarte für diese innere Reise und hilft damit dem Betreffenden in seinem Prozeß von Tod und Wiedergeburt, in der tiefgreifenden Verwandlung seiner Lebensform.
Der Beschreibung der Elementsymbole und ihrer Psychologie, sowie der entsprechenden Lebensauffassung werden wir breiten Raum geben, um dadurch ein Gefühl für das Chakrasystem und seine Perspektive auf ein höheres Bewußtsein zu vermitteln, was ja das Ziel dieses Buches ist.
Die Tiersymbole zeigen die entsprechenden Veränderungen und Aufgaben der instinktiv animalischen Natur. Der Übergang vom Wurzel- zum Wasserzentrum bedeutet eine Konfrontation mit den blockierten und verdrängten oder ganz einfach unbewußten Instinkten und Energien. Und diese Konfrontation symbolisiert sich in der Begegnung mit dem Seeungeheuer. Überwunden wird es durch direktes und tiefgehendes Verständnis oder aber dadurch, daß man mitfließt, sich verschlingen läßt, wartet, erleidet und der Natur den Weg zu einer Wiedergeburt aus Depression und Dunkel überläßt.

3. Zur Symbolik des Opfertiers

Der Osten verbindet im Manipura Chakra Feuer und Opfertier; entsprechend finden wir im Alten Testament die Assoziation des Brennenden Dornbuschs mit dem Opfertier.
Der Übergang vom zweiten zum dritten Zentrum, vom Erleben der Energie als einem flüssigen Phänomen – einem Schmelzen, einem Zusammenschwingen in *einem* Energiefeld – zu dem Erleben von Energie als etwas Sichtbarem, Flammenden – dieser Übergang kann nicht anders als durch ein Opfer erfolgen. Geopfert werden müssen die Sicherheit und Unbewußtheit, die mit einem Leben nur im emotionalen Bereich verbunden sind: Kritiklos in Sympathie und Antipathie leben; automatisch die Welt in Schwarz und Weiß, in Gut und Böse einteilen, in das, was ich mag, und das, was ich nicht mag – eine solche rein emotionale

Lebenshaltung bietet Sicherheit und läßt die Welt übersichtlich erscheinen. Ist dagegen weitere Entwicklung erwünscht, möchte man dahin gelangen, die Welt und die Menschen so zu sehen, wie sie sind, schwarz *und* weiß, will man die emotionale Zweiteilung überwinden, so ist es notwendig, die Zentrierung im Emotionalen zu opfern.

Die Emotionen hängen mit unserer animalischen Urnatur zusammen: Der andere ist entweder Freund oder Feind. Dieses tierhafte Überbleibsel im Emotionalen muß bewußt werden, muß geopfert werden. Träume von Opferungen von Lamm, Widder, Stier oder anderen Tierarten sind das Urbild für eine Opferung der Herrschaft des Emotionalen. Diese Opferung bedeutet, daß das Aug-um-Auge der Emotionen das Bewußtsein nicht länger automatisch von Sympathie oder Antipathie und von der damit verbundenen Projektion emotionaler Energie her beherrscht. Das Ich oder das Bewußtsein übernimmt die Steuerung dieser emotionalen Energie.

Es ist ein verbreiteter Wunsch, das Negative, das mit Antipathie Verbundene, die Feindschaft, den Schatten loszuwerden. Aber es ist nicht möglich, sich von Dualität, von Zweiheit zu befreien, indem man sich für nur eine Seite entscheidet; beide hängen zusammen wie die zwei Seiten einer Münze. Will man über die negative Emotionalität hinausgehen, muß auch die positive geopfert, transformiert werden. Es ist unmöglich, sich an die positiven Emotionen der Sympathie zu klammern und gleichzeitig den negativen Aspekt der Emotionalität loszuwerden. Emotionalität ist ein Pendel: Schwingt es ins Positive, erfolgt notwendig ein ebenso weiter Ausschlag ins Negative. Befreiung besteht darin, es in Ruhe zu halten. Keine emotionalen Schwingungen, sondern Transformation der emotionalen Energie.

Dies ist ein Prozeß, eine Erfahrung. Die Kontrolle des emotionalen Energieaspektes läßt sich nicht von einem Tag zum anderen lernen. Es erfordert Übung, Katharsis, Arbeit und Meditation. Aber es lohnt sich, denn Augenblicke emotionaler Freiheit, Augenblicke der Freiheit von emotionalem Geteilt-Sein ermöglichen eine nuanciertere Sicht, ein höheres Bewußtsein, ein tieferes Erleben von Energie, Leben und Menschen.

4. Zur Symbolik der Hirschtiere

Dem Herzzentrum sind im Osten die gehörnten Gazellentiere verbunden, im Westen schnelle, flüchtige Horntiere, Hirsche, Einhörner. Das Geweihsymbol ist vom sogenannten Gundestrup-Gefäß, einem in Jütland gefundenen, etwa zweitausend Jahre alten keltischen Silberkessel, her als Einweihungsgrad bekannt. Jung sah Parallelen zwischen der Nächstenliebe aus dem Herzen, Christus als dem Symbol des Selbst, dem »Stein der Weisen« in der Alchemie oder dem Einhorn des Märchens.

Diese schnellen Geweihtiere symbolisieren die instinktive Gebundenheit und Schnelle von Gefühlen und Gedanken; sie zeigen den mentalen Prozeß in seiner flüchtigen Eile und seiner Gebundenheit im Instinkthaften. Die meisten Gefühle und Gedanken sind Reaktionen auf oder Spiegelungen von instinktiven emotionalen Impulsen. Auch die unkontrollierbare autonome Eile des Denkens hat ihren Grund in der Abhängigkeit vom Instinktiven, dem unbewußten Hintergrund.

Aufgabe ist es hier, die Kontrolle des mentalen Prozesses zu erlernen. Denn erst dann, wenn die mentale Mechanik – das Gedanken- und Gefühlsbewußtsein – davon befreit wird, unsere emotional-instinktive Natur zu spiegeln, wird eine Spiegelung höherer, sogenannter empathischer Gefühle wie auch von Symbolen und Intuitionen aus dem höheren Bewußtsein möglich. Der Ort bzw. das Symbol, in dem der mentale Spiegel um 180 Grad gedreht wird – vom kollektiven Unbewußten weg zum höheren Bewußtsein – ist das Herzzentrum.

Kontrolle über den mentalen Bereich bedeutet, daß die betreffende Person fähig ist, selbst zu entscheiden, was der mentale Spiegel aufnehmen soll: Erde oder Himmel, Instinkt oder höheres Bewußtsein, das Ich oder das Selbst. Die Kontrolle wird durch Meditation erreicht: Meditieren heißt, ohne Gedanken, ohne Gefühle, ohne Bilder sein. Meditation bedeutet ein Ruhig-

stellen des Gemüts oder des mentalen Stroms. Dies ist der Zugang zu höherem Bewußtsein.
Das Geweih des Hirsches oder das Horn des Einhorns symbolisiert die mögliche Antenne. Jung hat wiederholt gesagt, daß Archetypen zwei Seiten haben: Instinkt und Geist. Im Instinktleben, in unserer animalischen Natur, liegt die Fähigkeit zur Aufnahme, zur Transparenz, so daß das Göttliche, der Geist, klar durchscheinen kann. Das Ich mit seinem emotional-instinktiven mentalen Gedankenprozeß vermag Empfänger für Höheres zu werden. Diese Fähigkeit des Aufnehmen-Könnens liegt vorgeformt in der Symbolkategorie der Hörnertiere im Herzzentrum. Hier kann die Persönlichkeit ihre Zentrierung vom Ich zum Selbst wenden, kann das Ich Kanal sein, transparent werden für das Selbst. In der Instinkthaftigkeit bedeutet es dagegen, daß das Bewußtsein Fühlung mit der hastigen, flüchtigen Natur des Unbewußten aufgenommen hat, zeitidentisch geworden ist mit dem unbewußt-instinktiven Hintergrund der Gedanken und Gefühle, den leichtfüßigen fliehenden Gazellentieren.

5. *Der weiße Elefant des Halszentrums*

Das Halszentrum ist der Ort, mit dem der Bereich des höheren Bewußtseins beginnt. Hier ist das geistige höhere Bewußtsein nicht mehr schwächer als das gewöhnliche materiell abhängige Ich-Bewußtsein noch diesem untergeordnet.
Erde-Wasser-Feuer-Luft – wie verfeinert diese Elemente auch werden können – bleiben doch erdorientiert.
Das Lautelement des Halszentrums stellt den Übergang zu einer anderen Ordnung der Dinge dar, einem höheren, gemeinsamen Nenner für Materie und Geist. Folglich symbolisiert der weiße Elefant zwei Sachverhalte. Zum einen ist die spirituell immaterielle Wirklichkeitsauffassung jetzt ebenso handgreiflich, ebenso wirklich wie die materiell physische. Darum tritt der Elefant erneut auf höherem Niveau auf. Zum anderen erscheint das materielle Prinzip – der graue Elefant – nun vergeistigt als weißer Elefant.

Träume dieses Chakras zeigen die entsprechende Gleichheit oder wechselseitige Durchdringungsfähigkeit zwischen Materie und Geist: Träume, in denen man durch Wände hindurch oder in Berge hineingeht – nicht durch Türen oder Höhlen, sondern durch das Bergmassiv; Träume, in denen man in Pflanzen oder Tiere verwandelt wird und diese Bewußtseinsformen erlebt – alle derartigen Träume illustrieren das Gleichgewicht, die Gleichberechtigung, die Auswechselbarkeit zwischen Geist und Materie. Diese Erlebnisse zeigen Augenblicke, in denen Instinkthaftigkeit und Materialismus ganz und gar von Geist, von Bewußtsein durchdrungen sind. Und es ist dieser Zustand der Einfühlung in das Gemeinsame hinter der fundamentalen Trennung von Geist und Materie, durch diese Trennung hindurch, der als Beginn höheren Bewußtseins erfahren wird.
Die höheren Entwicklungsstufen, die in der Psychologie des sechsten und siebenten Chakras symbolisiert werden, befinden sich jenseits der Spaltung von Materie und Geist, Instinkt und Bewußtsein. Darum findet die Tiersymbolik ihr Ende im Halschakra. Hier liegt die Grenze, und auf deren anderer Seite ist diese Dualität endgültig überwunden.

Die geometrischen Symbole

Zu jedem Chakra gehört ein Mandalasymbol. Diese geometrischen Struktursymbole bauen sich alle primär aus drei geometrischen Grundsymbolen auf: dem Kreis, dem Dreieck und dem Quadrat, die verschiedene Formen der Zentrierung illustrieren.
Der Kreis drückt Ganzheit, Totalität aus. Er ist ein in sich selbst einmündender Kreislauf, der als solcher Unendlichkeit symbolisiert. Der Kreis bezeichnet, was wir psychologische Zentrierung nennen können: Seine Peripherie ist der Umfang der gesamten Psyche, oder der Mensch in seiner Ganzheit; das Zentrum ist der Kern, in den das Gefühl für die Ganzheit oder der Kontakt mit

dieser den Menschen stellt. Der Kreis ist ein Symbol des Selbst. Die Erfahrung, daß nicht das Ich, sondern das Selbst die wahre menschliche Mitte ist, bringt die psychologisch richtige Zentrierung.
Das Dreieck ist ein Symbol des Gleichgewichts und bezieht sich daher vor allem auf die Zentrierung des Energiefeldes. Wie Exzentrität und fehlendes Gefühl für die Ganzheit des Kreises Formen psychologischen Ungleichgewichts aufweisen, so zeigt das Symbol des Dreiecks, ob das Energiefeld unausgeglichen – schräge, unharmonische Dreiecke – oder ausgeglichen ist – harmonische, gleichschenklige Dreiecke. Das Urdreieck zwischen Vater, Mutter und Kind ist die konkrete Gestaltung der energetischen Struktur einer Familie. Diesem Dreieck fehlt es in allen Varianten ödipaler oder elektrahafter Konfigurationen an Gleichgewicht. Seine Fortsetzung findet es im Verhältnis zwischen Ich, Schatten und Gegengeschlechtlichkeit, konkret anschaulich in sogenannten Dreiecksverhältnissen.
Das Quadrat oder – ungenauer – das Viereck, drückt die schwerkraftgemäße Zentrierung aus, die Existenz eines angemessenen ausgeglichenen grounding. Instinktives, sexuelles und materielles Gleichgewicht drückt sich oft im Quadrat aus.

1. Das Symbol des Wurzelchakras ist ein Quadrat in einem Kreis:

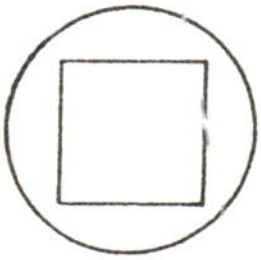

Das Viereck ist die geometrische Entsprechung des Erdchakras. Es wird, wie auch die Zahl Vier, zur Ordnung und Beschreibung der physischen Welt verwandt: die vier Himmelsrichtungen, die vier Kardinalpunkte der Uhr, die vier Temperamente des Menschen, die vier Funktionen des Bewußtseins, die vier Wertigkeiten des Kohlenstoffs.
Die dem untersten Chakra entsprechende Lebensform entfaltet

sich in sachgebundener Begrenzung, in kantigen Ansichten, Härte, Sturheit, Rigidität, Erdgebundenheit.
Treten solche Vierecks- oder Quadratsymbole im Traum, in der Meditation oder in der Aura auf, so werden mit dem physisch verankerten Aspekt verbundene Energieprobleme oder Phänomene abgebildet.

2. Das Symbol des Harachakras ist ein Kreis mit einem liegenden Halbmond:

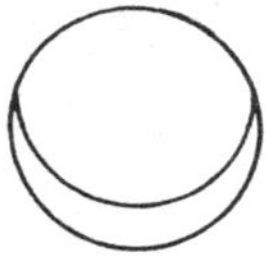

Wasser entspricht als an- und ausfüllende Energieform der Ganzheit, dem Gefülltsein. Das Unbewußte ist ein solches allumfassendes Phänomen. Ebenso ist Sexualität eine verbindende, eine integrierende Erscheinung. Der Halbmond – der Halbkreis – bezeichnet das Phasenhafte, Rhythmengebundene, Launische, das diese umfangreichen Energieformen auszeichnet. Das Unbewußte, die Sexualität, jedes sich aus Unbewußtheit und Sexualität ergebende Projektionsspiel hat Phasen und Rhythmen.
Das Erscheinen dieser Kreissymbole weist auf Ganzheit, Sammlung, Überblick hin. Sie kompensieren oft Zerstreutheit, Getrenntsein, Konflikt und Spaltung.

3. Die geometrische Struktur des Solarplexus ist ein Dreieck in einem Kreis:

Dieses Symbol beschreibt die emotionalen astralen Energieformen. Das Gleichgewicht des Symbols entspricht dem Sachverhalt, daß die emotional astrale Energie – durch das Dreieck

symbolisiert – von der übergeordneten psychologischen Ganzheit und ihrem Verständnis umfaßt, in sie eingelagert ist.
Das Problem der emotional astralen Energieform ist, daß sie eigenmächtig wird. Daß die Emotionen ohne Verankerung in einem größeren Zusammenhang ihr Spiel treiben und die Persönlichkeit beherrschen. Emotionalität ohne höhere Perspektive, ohne Verständnis ihrer tieferen Bedeutung und Funktion zerstört das notwendige Gleichgewicht zwischen dem emotional astralen Energiefeld – das sich beispielsweise im Schatten, in psychotischen Zuständen, in Halluzinationen manifestiert – und der psychologischen Ganzheit, dem Selbst.

4. Die Geometrie des Herzzentrums drückt sich im folgenden Symbol aus:

Dies ist der zentrale Gleichgewichtspunkt des Menschen, psychologisch im Selbst ausgedrückt, im Kreis, energetisch im Gleichgewicht zwischen männlich aufwärts und weiblich abwärts gewandtem Dreieck, waagerecht und senkrecht, wie wir es vom christlichen Kreuz her kennen, dessen waagerechte Achse das irdische Leben und dessen senkrechte Achse den geistigen Drang symbolisiert.
Dieses Symbol erscheint im Traum, in der Meditation und in der Aura, wenn sich ein Kontakt mit dem Selbst anbahnt.

5. Das Symbol des Halschakras ist die Umkehrung des Solarplexus-Symbols, also ein Kreis in einem Dreieck:

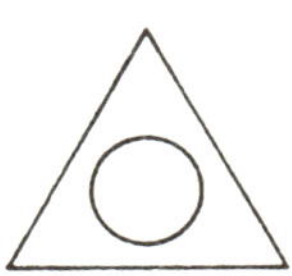

Hier ist der energetische, der aurische Gesichtspunkt dem psychologischen übergeordnet, astral emotional dagegen das Psychologische dem Energetischen. Bedingung für emotionales Gleichgewicht ist, wie erwähnt, daß die psychologische Ganzheitsperspektive den emotionalen Mechanismus durchdringt und versteht.
Die höheren Bewußtseinszustände des Halschakras repräsentieren einen höheren kosmischen Gesichtspunkt – das Dreieck als himmlischen Repräsentanten –, der die Tatsache des Selbst umfaßt: den nach innen verlagerten Kreis.

6. Das Symbol des Augenbrauenzentrums ist der geflügelte Kreis, der Transzendenz symbolisiert:

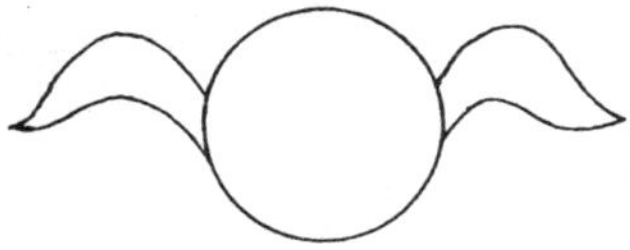

Hier geht die Zentrierung endgültig vom physischen und psychologischen Selbst auf die kosmischen Zusammenhänge über.

Damit haben wir die verschiedenen mit dem Chakrasystem verbundenen Symbolreihen (Elementsymbole, Tiersymbole und geometrische Symbole) systematisch beschrieben. Im tatsächlichen, konkreten Entwicklungsprozeß eines lebenden Menschen erscheinen diese Symbolzusammenhänge, allerdings nicht notwendigerweise in geordneter systematischer Reihenfolge. Der konkrete Traum- und Meditationsprozeß entfaltet sich bisweilen im instinktiven Bereich, wo Tiersymbole auftreten, bisweilen in den Aspekten des Bewußtseins, wo die Elementsymbole vorkommen. Die Tiersymbole sind die instinktbezogene Reflexion des Chakrasystems. Die Elementsymbole beziehen sich auf die verschiedenen Graduierungen und Bewußtseinsniveaus des Chakrasystems. Die geometrischen Symbole sind Spiegelungen des astral-ordnenden Aspektes dieses Systems.

Im folgenden behandeln wir die Farben als ätherische Reflektion der Chakren, und schließlich – im Kapitel über die transformative Alchemie der Chakren – den persönlichkeitsbezogenen Verwandlungsaspekt.
Die systematisch geordneten Symbolreihen sind als Modell aufzufassen, das dem Einzelnen zur Orientierung im und seinem Verständnis vom konkreten Entwicklungsprozeß helfen kann.

CHAKRA	FARBE	ELEMENT	TIER	GEO-METRISCH
Sahasrara (Scheitel)	Violett			
Ajna (Augenbrauen)	Indigo	Licht		
Vishuddha (Hals)	Hellblau	Klang	Weißer Elephant	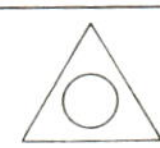
Anahata (Herz)	Grün	Luft	Geweihtiere	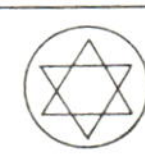
Manipura (Solarplexus)	Gelb	Feuer	Opfertiere	
Hara (Unterleib)	Orange	Wasser	Seeungeheuer	
Muladhara (Steißbein, Damm)	Rot	Erde	Grauer Elephant	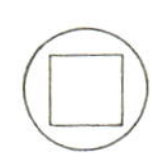

Dieses Schema gibt nur Andeutungen, die in der psychischen Wirklichkeit so gut wie nie in dieser Reihenfolge erscheinen. Träume aus verschiedenen Chakrabereichen können gleichzeitig in ihrem ausgleichenden und ihrem entwickelnden Aspekt auftauchen. Der lebende Traumprozess hat für jede Persönlichkeit eine spezifische Entwicklung, welche die hier nur schematisierten Elemente in freier Folge enthält.

Kapitel 2: Gleichgewicht und Verwandlung

Gleichgewicht

Im ersten Kapitel sahen wir, daß der Individuationsprozeß sozusagen zwei Aspekte oder Stufen hat. Die erste Stufe beinhaltet eine relative Ganzwerdung der Persönlichkeit, vor allem das Bemühen um Selbsterkenntnis, die den Schatten, die Emotionen, den Körper und den sexuellen Bereich umfaßt. Auf der zweiten Stufe geht es um die Entwicklung zu höheren Bewußtseinsformen. Wie ein Instrument vertraut und gut gestimmt sein muß, bevor man lernen kann, darauf zu spielen, so muß die Persönlichkeit ausgeglichen und vorbereitet sein, ehe das Bewußtsein sich zu höherem Bewußtsein potenzieren läßt. Wie erwähnt, haben beide, Träume und Chakren, eine ausgleichende und eine verwandelnde Funktion. Bisher haben wir Aspekte der ausgleichenden Funktion von Träumen beschrieben, während die verwandelnde Funktion von Träumen und Chakren vorerst nur in Verbindung mit den Element-, Tier- und geometrischen Symbolen angedeutet wurde.
Die ausgleichende Funktion der Chakren lernte ich – theoretisch und in der Praxis – durch Bob Moore, einen irischen Heiler und Meditationslehrer, kennen. Im Traum hatte ich erfahren, daß ich ihn treffen und bei ihm etwas lernen würde. Später zeigten mir die inneren Ratgeber genau, was ich lernen solle, und daß ich es bei Bob Moore lernen könne, weil er unter anderem auf diesem Gebiet Spezialist sei.

Bob Moores Lehre

Drei Jahrzehnte hat Bob Moore daran gearbeitet, durch Meditation und spirituelle Übungen höheres Bewußtsein zu entwickeln und weiter zu fördern – mit dem Ergebnis, daß er im höheren

Bewußtsein zentriert ist und über eine Klarsichtigkeit verfügt, die nicht nur das physische und ätherische Feld durchdringt, sondern auch den emotionalen und den höheren astralen Bereich bis in den mental-spirituellen hinein umfaßt.
Es gibt Menschen, die dunkel und kompakt sind, und es gibt durchscheinende, leuchtende Menschen. Je mehr Ego, Emotionalität, physische Identifikation in einem Menschen ist, desto dunkler und kompakter ist er. Je weniger Ego, emotionales Chaos und physische Identifikation sich in der Persönlichkeit findet, je besser der Mensch an ihr gearbeitet hat, desto transparenter ist er in seinem Sein, desto durchscheinender und leuchtender ist er.
Transparenz besteht darin, daß man ist, was man sagt. Es gibt keinen Unterschied mehr zwischen Äußerungen und Handlungen auf der einen Seite und der konkreten Existenz auf der anderen. Rollenspiel, Aufgeblasenheit, Falschheit, wasserdichte Schotten zwischen den verschiedenen Räumen der Persönlichkeit fallen weg. Transparenz beruht darauf, daß ein Mensch sich selbst akzeptiert, daß er beständig sein eigenes Sein mit Bewußtsein durchleuchtet. Ein solcher, in hohem Maße transparenter und leuchtender Mensch ist Bob Moore. Alle Menschen tragen den Keim dieser Transparenz in sich, jeder hat diese Möglichkeit, aber es erfordert Arbeit, stete Entwicklungsarbeit, sich zur Transparenz hin zu verwandeln – eine Durchsichtigkeit, die das normale Bewußtsein ahnt, das höhere Bewußtsein aber direkt erkennt.
Hat ein Mensch nicht sonderlich an seinem Selbst gearbeitet, so befindet sich das höhere Selbst außerhalb des physischen Körpers; im allgemeinen erscheint es dann mit seinen Symbolisierungen in der Ausstrahlung über dem Kronenchakra. Hat ein Mensch dagegen an seiner Entwicklung gearbeitet, so besteht eine Verbindung zwischen dem höheren Selbst und der physisch konkreten Persönlichkeit. Die Klarheit des höheren Selbst dringt tiefer und tiefer in das Physische ein und macht es durchsichtig.
Daß ein Mensch »er selbst« ist, bedeutet aurisch, daß die Ausstrahlung des höheren Selbst die physische, konkrete Persönlich-

keit durchleuchtet. Die individuellen Ecken und Kanten treten in den Hintergrund, und die Essenz wird sichtbar. Das individualistische Ich mit seinen Differenzen und seinem Rollenspiel wird in der echten Individualität des Selbst, der Essenz, durchsichtig.
Bob Moores Lehre läßt sich daher auf zwei Arten vermitteln. Man kann die von ihm angewandten Techniken und seine Darstellungen des Energiefeldes aus der Sicht des normalen Bewußtseins beschreiben. Theorie und Praxis dieser Lehre lassen sich dann auf gewöhnliche Weise erläutern. Man kann dieselbe Lehre und Praxis aber auch aus höher bewußter Perspektive beschreiben. Und dann gibt es keinen Unterschied mehr zwischen Mensch und Lehre, zwischen der Ausstrahlung der Persönlichkeit und ihren Äußerungen.
Ein durchsichtiger Mensch arbeitet in seinen Funktionen gleichzeitig in zwei Dimensionen; einmal in der Dimension des normalen Bewußtseins durch Sprache, Information, Bewegung und Gestus; zum anderen in der Dimension des höheren Bewußtseins durch indirekte Vermittlung von Information. Es ist die Eigenart eines transparenten Menschen, daß es für ihn, was das Funktionieren in diesen beiden Dimensionen angeht, keinen Unterschied, keinen Gegensatz und keine Disharmonie zu kennen gibt. Ein dunklerer, kompakterer Mensch funktioniert zwar ebenfalls auf zwei Ebenen. Auch in einem Ich-zentrierten Menschen ist das höhere Selbst aktiv. Hier aber finden sich nun gerade Gegensatz, Unbewußtheit, Disharmonie zwischen den beiden Dimensionen oder Aspekten.
Jung, der sich bis an die Grenze höheren Bewußtseins entwikkelte, hatte einen entscheidenden Traum, den er in seinen Erinnerungen beschrieben und kommentiert hat: An einem Weg, den er ging, lag eine Kapelle. Er trat ein und sah einen Yogi, in tiefer Meditation in der Lotusstellung sitzend. Jung entdeckte, daß der Yogi sein, Jungs, Gesicht hatte. Erschrocken erwachte er mit der Gewißheit, daß dieser Yogi Jung meditierte, daß er, Jung, ein Traum des meditierenden Yogi sei. Eben dies ist die Grenze zwischen dem Ich und dem Selbst. Jung fühlte, daß er nicht mehr sein werde, wenn der Meditierende erwache. Das ist sicher

richtig. Erwacht das Selbst durchgreifend, so wird das Ich transzendiert und hört folglich in gewissem Sinn auf, zu bestehen.

Dies ist der Tod des Ichs, nicht aber der der Essenz. Höheres Bewußtsein ist Überwindung des Ichs, ansatzweise oder permanent. Transparenz entsteht, wenn das Selbst mehr und mehr durch das Ich hindurch wirkt. Schließlich wird der Punkt erreicht, da die Zentrierung sich verschiebt, der Mensch wird endgültig transparent, das Ich tritt beiseite, um Raum für das Selbst oder die Essenz zu schaffen.

Da die Essenz oder das höhere Selbst Ziel der Entwicklung ist, werden spiritueller Unterricht und spirituelle Beratung sich auf eben dieses Ziel richten. Ein transparenter Mensch ist bezüglich seiner Essenz durchscheinend geworden und *ist* folglich seine Lehre. Transparenz ist eben das, was Unterricht und Beratung anderen vermitteln wollen. Spirituelle Beratung ist bestrebt, dem Einzelnen zur eigenen Klarheit zu verhelfen, dazu, sich selbst oder sein höheres Selbst zu akzeptieren und zu sein.

Der Kontakt mit einem Menschen, der wie Bob Moore dieses höhere Bewußtsein und die damit verbundene Klarsicht entwikkelt hat, wird nur von der jeweiligen Entwicklung des Einzelnen begrenzt. Hier gibt es, ideal gesehen, keine Vorliebe, kein emotionales Verurteilen und Bewerten, kein Ausgeschlossensein. Das höhere Bewußtsein ist grundsätzlich offen und allen zugänglich. Wäre es das nicht, so wäre es nicht höheres Bewußtsein. Das Ausmaß des Kontaktes hängt nicht von Launen oder zufälligen Sympathien oder Antipathien des Lehrers ab, sondern es folgt natürlich aus der jeweiligen Offenheit des Einzelnen für höheres Bewußtsein.

Wichtig ist, daß dieser fundamentale Punkt verstanden wird: Höheres Bewußtsein ist kollektiv, ist Öffnung, vollkommene Bereitschaft zum Mit-teilen. Hier gibt es weder Geiz noch Verschlossenheit. Jeder, der einen Schimmer höheren Bewußtseins hat und diesen auf ein anderes höheres Bewußtsein richtet, wird aufgenommen, akzeptiert, eingelassen. Dies ist das Wesen höheren Bewußtseins. Treffen zwei Menschen im höheren

Bewußtsein zusammen, so erfolgt in gewisser Weise eine Vereinigung; gleichzeitig bleibt ihre Individualität aber absolut bewahrt. Information, Wissen, Licht wird zwischen zwei solchen Trägern höheren Bewußtseins frei strömen. Jeder, der diese Stufe erreicht, wird von selbst an dieser Gemeinschaft teilhaben.

Um einen transparenten Menschen, der andere unterrichtet, werden sich jedoch immer auch Eifersucht, Neid, Emotionalität und Konkurrenzgefühle finden. Der Grund ist, daß ein tiefer Drang im Menschen besteht, Transparenz zu erlangen und zu sein. Ein mangelhaftes Verständnis führt dann leicht zu der Vermutung, etwas werde zurückgehalten, der Lehrer gebe das Wesentliche nur gewissen Auserwählten usw. All das geht auf fehlendes Verständnis für die tiefere Bedeutung von Entwicklung und höherem Bewußtsein zurück.

Nähe im Verhältnis zu einem transparenten Menschen, Kontakt und Vertraulichkeit mit ihm hängen, wie gesagt, nicht von diesem Menschen ab, sondern nur davon, wieviel höheres Bewußtsein sich im Lernenden entwickelt hat. Je transparenter er wird, desto enger wird natürlich die Verbindung mit der Transparenz des Lehrers. Zwei Klarheiten sind in ihrer Klarheit eins. Zwei Verkörperungen höheren Bewußtseins umfassen einander. Eifersucht, Konkurrenz, Neid auf andere sind eben Dunkel, emotionale Kompaktheit, die den Kontakt bremsen wird, wie sehr auch der transparente Mensch die Einladung zum Hereinkommen aufrechterhält und wiederholt. Höheres Bewußtsein ist eine Expansion in echter Freiheit. Treffen zwei Träger höheren Bewußtseins zusammen, verstärkt sich diese Erweiterung. Ein solcher Kontakt, eine solche Form der Begegnung ist die höchste menschliche Form des Zusammenseins bezüglich der Entwicklungsstufe, die wir begreifen können.

Wir wollen nun – in Form einer Übersicht – gewisse Grundzüge desjenigen Teils der Lehre Bob Moores beschreiben, welcher mit der Harmonisierung des Chakrasystems und des Energiefeldes zu tun hat.

Die grundlegende Arbeit besteht darin, die Chakren von innen heraus kennenzulernen. Jedem Chakra ist eine Reihe von Übun-

gen zugeordnet, die Kontakt mit den Chakrapunkten herstellen, mit besonderer Rücksicht auf die Funktion der Energiezirkulation im jeweiligen Bereich.
Ein Chakrapunkt läßt sich physisch durch direkte Berührung kennenlernen. Er kann ätherisch mit Hilfe der Handflächen durch Fühlen der Energiepulsation dicht außerhalb der Körperentsprechung wahrgenommen werden. Die ätherische Wahrnehmung läßt sich einüben, indem man sich auf den Chakrapunkt konzentriert und sich die diesem Punkt zugehörige Farbe oder das entsprechende Licht vorstellt. Die Grundvision ist hier, daß die Farben des Spektrums die Energievibration der Chakrapunkte symbolisieren: der warme, langsame und chemische Teil des Spektrums – rot – liegt zuunterst, sein kalter, schneller und elektrischer Teil – blau – zuoberst. Laut Bob Moore entspricht ätherisch das Rote dem Wurzelchakra, Orange dem Hara als dem Zentrum der Bauchmitte, Gelb dem Solarplexus, Grün dem Herzzentrum, Blau dem Halschakra und Indigo dem der Augenbrauen. Violett entspricht dem Kronenchakra.
Ätherischer Kontakt mit den Chakren läßt sich zum Beispiel durch übendes Wahrnehmen der Chakrafarben in den entsprechenden Körperbereichen, von unten nach oben und wieder zurück, erarbeiten. Die emotionale oder *astrale* Reflektion in den Chakrabereichen wird dem Bewußtsein zugänglich durch Beobachtung der Körpergefühle und Schmerzen, Erinnerungen und Bilder, die sich während des physischen und ätherischen Kontaktes mit den Chakren zeigen. Der *mentale* Bereich schließlich wird durch die Beschäftiugng des Bewußtseins und des Denkens mit den hier skizzierten Übungen und durch ihre mentale Spiegelung mit dem Chakrensystem verbunden.
Ein ausgeglichener Mensch wirkt durch ein fließendes, nicht blockiertes Chakrasystem. Schwierigkeiten, Blockierungen zeigen sich in den ätherischen Chakrapunkten durch wie auch immer geartete Unregelmäßigkeiten im Gleichgewicht des entsprechenden Chakras. Kann man sich zum Beispiel nach der Übung nicht die einem bestimmten Chakra zugehörige Farbe in dem jeweils entsprechenden Punkt vorstellen, sie denken oder fühlen, so zeigt

dies eine Störung, einen Widerstand oder mangelndes Bewußtsein in diesem Bereich an. Schläft man ein, versinkt in Träumen, verliert die Konzentration oder dergleichen, so zeigt dies ebenfalls Probleme oder sonstiges Ungleichgewicht in den entsprechenden Bereichen an.

So ist das Bemühen um Bewußtwerden der Spektralfarben in den Chakrapunkten des Körpers eine in sich selbst ausgleichende und zudem eminent diagnostische Technik. Es wird möglich, die eigene physisch-ätherisch-astrale Dysfunktion laufend aufzudekken und dieses Ungleichgewicht ständig durch Übung auszugleichen.

Die einzelnen Chakren werden durch sogenannte Anbahnungsübungen miteinander verbunden. Ist zum Beispiel eine Verbindung der intuitiven Energieform des Augenbrauenbereichs mit dem emotionalen Schwerpunkt im Solarplexus erwünscht, so kann die Atmung angewandt werden. Man kann zum Beispiel die Aufmerksamkeit beim Einatmen vom Augenbrauenbereich hinab in den Solarplexus, und im Ausatmen wieder zurück vom Solarplexus zum Augenbrauenbereich bewegen. Hierdurch wird einerseits Verbindung zwischen Kopf und Körper, Gedanken und Emotionen hergestellt, andererseits wird das klarere Licht der Intuition in den oft unbewußten und dunklen emotionalen Bereich gebracht. Fehlt es einem Menschen etwa an grounding, ist er zu sehr dem Kopf verbunden, allzu intellektuell usw., so können einfache Anbahnungsübungen in Hara und Wurzelchakra helfen, da auf diese Weise Energie und Aufmerksamkeit zum Beispiel vom Harabereich über den Wurzelbereich durch die Beine zu den Füßen gebracht werden.

Bob Moore hat viele solcher einfachen, aber überaus wirksamen Übungen angegeben, die alle aus der klarsichtigen Beobachtung von Strömung und Zirkulation des Energiefeldes in einem ausgeglichenen Menschen geschaffen wurden.

Bewußtmachung der außerhalb des Körpers liegenden Ausstrahlung oder Aura erarbeitet Bob Moore unter anderem durch Beschäftigung mit den geometrischen Grundfiguren, dem Kreis, dem Dreieck und dem Quadrat, als Symbolisierungen der Energiestrukturen, die einerseits die Chakrapunkte mit der Ausstrahlung verbinden, andererseits in der außerhalb des Körpers liegenden Aura selbst operieren.

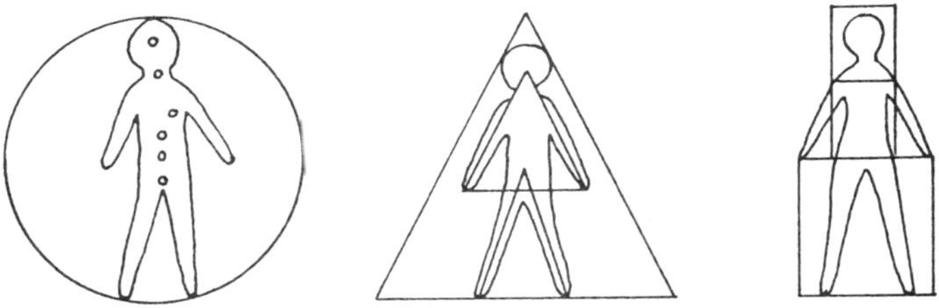

Beispiel der Kreis-, Dreiecks- und Quadratstruktur in Aura und Chakra

In Verbindung mit den klassischen indischen Chakrasymbolen haben wir die Grundfunktion dieser geometrischen Strukturen angedeutet.

Übungen, während derer man sich die verschiedenen geometrischen Figuren in und um sich vorstellt, haben teils eine ausgleichende Funktion, teils erweitern sie das Gewahrsein der Aurastruktur und helfen so dem Bewußtsein in seiner Entwicklung zum höheren Bewußtsein. Diese farblichen und geometrischen Strukturen sind die bestmögliche Symbolisierung für die tatsächliche Erscheinungsform eines Menschen in erweitertem Bewußtsein.

Wie wir in der Einleitung sahen, entspricht die physische Beschreibung eines Menschen dem Deutungsniveau. Träume werden gedeutet, das Verhalten eines Menschen wird gedeutet, sein Aussehen wird gedeutet. Dem ist so, weil man nicht unmittelbar weiß und sieht. Nur das nicht unmittelbar Verstandene wird gedeutet. Ansichten, der gesamte Vorrat an Vermutungen und Annahmen des Ich-Bewußtseins, sind nötig, weil das unmittelbare, einleuchtende Verständnis fehlt.

Ein Mensch wird hier als ein geschlossener Gegenstand mit einem unverständlichen und geheimen Inneren angesehen. Diese Auffassung vom Menschen entspricht der Struktur des Ich-Bewußtseins und erfordert sowohl Deutungen als auch Ansichten. Lernt dann die betreffende Person durch Selbsterkenntnis und Ausgleich, Energie als Strahlung und Pulsierung zu erleben, so beginnt das Bewußtsein, den Menschen als vibrierendes, offenes Energiefeld zu erfassen. Das Innere ist nicht mehr als unzugängliche Substanz hinter einer Reihe von sichtbaren peripheren Eigenschaften in einem Menschen-Gegenstand verborgen. Wird das Energiefeld wahrgenommen, so öffnet sich das Innere. Es durchstrahlt den Menschen und verhält sich wie eine ihn umgebende Atmosphäre. Ein Mensch – als pulsierendes Energiefeld erlebt und beschrieben– symbolisiert sich in den chromatischen Chakrazirkulationen und in den geometrischen Aurastrukturen.

Um meine Verständnis des Verhältnisses zwischen dem Traum und dem als Energiefeld gesehenen Menschen zu erweitern, habe ich beobachtet, wie Bob Moore, vor dem Hintergrund dessen, was er in der Aura liest, Träume kommentiert. Diese Beobachtungen führten zu der Vermutung, daß Traum und Aura einander recht genau entsprechen. Es scheint festzustehen, daß die Träume in gewisser Weise die Eigenabbildung der Aura sind. Dank der Träume kann das Bewußtsein entdecken, was in der Aura vor sich geht.

Um diesen Sachverhalt genauer zu untersuchen, habe ich während meiner Arbeit mit vielen verschiedenen Menschen meine eigenen Auffassungen des Aurainhalts mit den jeweiligen Träumen verglichen und schließlich das Resultat an Bob Moores Beschreibungen des Aurainhalts geprüft. Diese Arbeit hat nicht nur die Öffnung des Bewußtseins für aurische Symbole geübt, sie hat mich zugleich davon überzeugt, daß das, was zwei verschiedene Menschen durch Klarsicht in der Aura auffassen, fundamental dasselbe sein kann, und weiter, daß das durch Klarsicht Aufgefaßte der Selbstabbildung der Aura im Traum entspricht.

Es war deutlich, daß Bob Moore kraft seines höheren Entwicklungsgrades klarer und weiter sah als unser allgemeines Bewußtsein. Und ebenso klar war, daß die Filtrierung der Aura durch den Traum die in der Aura sich direkt zeigenden Symbole abschwächte und änderte.

Sehr oft erlangten wir ein Bewußtsein von klaren archetypischen Symbolen in der Aura eines Menschen, die erst Monate später in abgeschwächter Form in den Träumen dieser Person auftauchten. Es versteht sich, daß wir im jeweiligen Fall nichts sagten, was das wahrgenommene Symbol hätte induzieren können.
Ein weiteres interessantes Faktum ist, daß die Essenz des Menschen, die sich in einem Punkt über dem Kronenchakra symbolisiert, sich im Traum nur dann ausdrückt, wenn die Persönlichkeit mit der Weisheitsschicht in Berührung gekommen ist. Erfaßt dagegen das höhere Bewußtsein selbst den Essenzpunkt eines Menschen, so lassen sich die Symbolisierungen unmittelbar im meditativen Bewußtsein ablesen. Diesen überaus wichtigen Punkt über dem Kronenchakra nennt Bob Moore sehr präzise den Identitätspunkt; es ist dies die Stelle, wo das höhere Selbst eines Menschen – also die wirkliche Identität – berührt werden kann.
Im folgenden wollen wir versuchen, in Einzelheiten zu beschreiben, wie sich die Aura, oder der als Energiefeld gesehene Mensch, im Traum abbildet. Dieser Abschnitt und der folgende über Träume als Auragramme wären ohne das Wissen und die Inspiration, die ich von Bob Moore empfing, nicht möglich.

Träume und Farben

Das Vorkommen von Spektralfarben im Traum liegt in der Selbstabbildung der ätherischen Aura begründet. Die Energie, das Leben, welches das Funktionieren des physischen Körpers ermöglicht, entspricht dem ätherischen Energiefeld. Die Gesundheit des Körpers erfordert Gleichgewicht in diesem Energiefeld. Das Chakrasystem beschreibt die Fokuspunkte des ätherischen Energiefeldes am Körper. Die Spektralfarben im Traum lassen sich daher zu Recht den relevanten Chakrapunkten zurechnen, und sie haben Bedeutung für die Funktion des jeweiligen Chakras oder seinen Zusammenhang mit den anderen Chakren.
Farben erscheinen im Traum normalerweise in Verbindung mit etwas, das diese Farbe hat oder ausstrahlt. Man sieht eine blaue

Blume, ein grünes Auto oder ähnliches. Ein solches Traumbild hat daher zwei Aspekte: den energiefeldbezogenen, der sich in der Farbe ausdrückt, welche das Symbol im ätherischen Chakrasystem festlegt; und den rein symbolischen Aspekt, also den Inhalt und letztlich den Archetypus, der das Symbol ausmacht.
Da das ätherische Chakrasystem mit seinen Spektralfarben der ausgleichenden und körpererhaltenden Funktion der Chakren dient, können wir sagen, daß die Traumfarben vor allem dem balancierenden und stabilisierenden Aspekt des Traumprozesses angehören. Aus Vorhandensein oder Mangel der Spektralfarben im Traum läßt sich ermessen, welchen Kontakt das Bewußtsein mit dem Körper und dem ihm innewohnenden Leben hat und ob das jeweilige Chakra im Gleichgewicht ist. Hierzu im folgenden einige Hinweise bezüglich der sechs Chakren.

1. Das Wurzelchakra und die Farbe Rot

Das grounding eines Menschen, seine Erdverbundenheit und Verwurzelung, bildet sich in den roten Farben und Symbolen des Traumes ab.
Menschen, die zu sehr vom Kopf her leben, intellektuell fixiert sind, oder deren Selbstbild unrealistisch ist, fahrig und hochfliegend, mit anderen Worten, Menschen, denen es an grounding fehlt, haben ein unausgeglichenes Energiefeld. Um diese fehlende Erdverbindung zu kompensieren und auszugleichen, produziert der Traum bestimmte Typen von roten Symbolen. Solche Menschen bewegen sich im Traum auf rotem Boden, tragen rote Strümpfe oder Schuhe, fahren in roten Autos oder auf roten Fahrrädern. All diesen sehr unterschiedlichen Symbolen ist die rote Färbung und die Betonung des Wurzelchakras (Beine, Füße, Erde) gemein.
Die fehlende oder nicht genügend durchgeformte Erdverbindung läßt sich je nach dem Symbolinhalt genauer spezifizieren. Arbeitet jemand besonders mit dem Erdchakra, oder finden dort aus anderen Gründen Aktivität und Entwicklung statt, so wird sich ein zweiter Typus von roten Symbolen im Traum zeigen: zum

Beispiel rote Blumen als Symbol der ätherischen Funktion des Chakras, rote Schmetterlinge als Symbol der Veränderung im ätherischen Gleichgewicht, rote Früchte als Symbol der energetischen »Nahrung«, die durch dieses Chakra geregelt wird, und dergleichen mehr.

Das mit der Farbe verbundene Symbol gibt (bei allen Chakren) oft einen Hinweis darauf, welche Spiegelung des Energiefeldes relevant ist. Sein physischer Aspekt zeigt sich zum Beispiel in naturhaft-physischen roten Gegenständen – Steinen und Erde. Sein spezifisch ätherischer Aspekt zeigt sich in Pflanzensymbolen – Blumen, Bäumen, Früchten. Der astrale Aspekt drückt sich oft in Gestalt von Tieren aus – rote Kühe, gelbe Löwen. Der mentale Aspekt erscheint in menschengeschaffenen Gegenständen – Geräten, Möbel, Kleidung, Häusern usw. Der spirituelle Aspekt zeigt sich in höheren Symbolen – blaues Dreieck, rotes Kreuz, grüner Halbmond usw.

2. *Das Harachakra und die Farbe Orange*

Die ätherische Energieausstrahlung des Harachakras bildet das Gleichgewicht ab im sexuellen Bereich, in der instinktiven Bewegung – Gang, Rhythmus, Spontaneität – und im Verhältnis zum Unbewußten, besonders zum kollektiven Unbewußten.

Die orangefarbenen Symbole illustrieren diese Aspekte. Ein vergnügter orangefarbener Fisch, frische Möhren, eine orangefarbene Katze, ein gleichfarbiger Schmetterling zeigen ein gelassenes, offenes Verhältnis zum Unbewußten, dem instinktiv Vegetativen und den sexuellen Verwandlungsmöglichkeiten an. Angst vor dem Unbewußten spiegelt sich dagegen zum Beispiel in einer großen gefährlichen Feuerqualle, aufgestaute Sexualität in einer orangefarbenen Spinne und dergleichen mehr.

3. Der Solarplexus und die Farbe Gelb

Gelbe Symbole bilden die Skala vom direkt Emotionalen in seinen positiven und negativen Aspekten über das Ätherische zum intuitiv verstehenden höheren Aspekt ab.
Emotionale Projektionen und Umsetzungen finden sich in Symbolen von der Art gelber Handschuhe, eines gelben Postautos, eines gelben Dolches, eines fröhlichen, gelb gekleideten Kindes. Das ausgleichende ätherische Chakra symbolisiert sich zum Beispiel in einer gelben Seerose, und das höhere intuitive Verständnis, das entsteht, wenn der emotionale Bereich von Bewußtsein und Kontrolle durchdrungen ist, kann sich in einer ruhig brennenden gelben Kerze oder einem gelben Mandala abbilden.

4. Das Herz und die Farbe Grün

Grün ist die Farbe des Chlorophylls, das die Basis der Photosynthese ist, der Lichtumwandlung in Pflanzen. Daher bedeutet Grün fundamentale Offenheit für das Licht, für die Sonne. Dem entspricht die Funktion, die diese Farbe im Traum hat. Durch die grün erscheinende Vibration gelangt der höhere Teil der Aura in das tiefere System. Darum ist die Farbe Grün mit dem Herzzentrum verbunden, in dem das Selbst in das physisch orientierte allgemeine Ich-Bewußtsein tritt.
Der ätherische Zustand des Herzchakras ist im Traum am Zustand von Pflanzen ablesbar, in dem sich das Wachstum eines Menschen, das letztlich zur Selbstentfaltung, also zum Selbst hin tendiert, spiegelt. Kranke, verschnittene, verdorrte Pflanzen zeigen gehemmten Wuchs, schlechte Bedingungen für den Kontakt mit dem Selbst an. Sprossende Pflanzen, reichliches Laub, große gesunde Bäume weisen auf die Wachstumskraft der Persönlichkeit zum Selbst hin.

5. Das Blau des Halschakras

Die Farbe Blau symbolisiert in ihrem positiven Extrem höheres Bewußtsein und Heilungs-Energie und in ihrem neutralen Aspekt das Denken; in negativer Richtung wird diese Energieform zu Verdrängungen benutzt.
Die höheren Aspekte zeigen sich in Träumen von der Unendlichkeit des blauen Himmels, in blauen Kirchenfenstern, blauen Schmetterlingen. Der gedankliche Aspekt erscheint in blauen Autos oder blauen, abstrakten oder geometrischen Gegenständen und Figuren. Blau im unteren Bereich der Aura deutet oft Verdrängung an; dies kann sich zum Beispiel in blauen Schuhen, blauen Beinen oder dergleichen zeigen.

6. Die indigo-violette Farbskala

Da das Kronenchakra mit seiner violetten Ausstrahlung im allgemeinen nicht in die ausgleichende Arbeit einbezogen ist, erscheint es in der Praxis vorteilhaft, indigo- und violettfarbene Symbole dem Augenbrauenchakra zuzuordnen.
Diese Energieform ist dank ihrer raschen Vibration durchdringend, aber auch Unruhe erregend. In ihrem durchdringenden, hohen Aspekt symbolisiert sich diese Farbe als Licht, in der Kleidung von Weisheitsgestalten, in Blumen. Unruhe erregende Aspekte zeigen sich in flackernden, schnellen, unkontrollierbaren Phänomenen.

Eine Untersuchung der statistischen Verteilung der sechs Spektralfarben im Traum wird, wie früher erwähnt, eine gleichmäßige Verteilung zeigen. Die Farben illustrieren die selbstregulierende Funktion des psychophysischen Systems. Sie spiegeln die immer gleichmäßig verteilte ausgleichende und erhaltende Funktion der Chakren.
Untersucht man die Farbträume eines Menschen über eine gewisse Zeitspanne (sechs bis zwölf Monate), so entdeckt man eine Tendenz zu ausgeglichener, gleichmäßiger Verteilung. Ist dies

nicht der Fall, so muß als Ursache eine deutliche und tiefliegende Blockierung des Bewußtseinskontaktes mit dem Energiesystem angenommen werden.
Träume von Farben treten im allgemeinen erst dann auf, wenn ein Mensch – bewußt oder unbewußt – in bezug auf seine eigene Entwicklung relativ engagiert ist.
Das Fehlen einzelner Farben im Traum hat seinen Grund in mangelhaftem Kontakt der Persönlichkeit zu sich selbst. Diese Mängel verraten sich dadurch, daß das jeweilige Chakra in seiner ätherisch ausgleichenden Funktion nicht von der Traumfunktion erfaßt wird.

Technik
Die folgende Technik läßt sich anwenden, um den Zusammenhang zwischen der ausgleichenden Funktion des Traumes und des Chakrasystems bewußtzumachen und zu erfahren.
Zunächst ist das Erscheinen von klaren Farbsymbolen aller sechs Chakrapunkte im Traumprozeß abzuwarten. Aus den verschiedenen Träumen ist für jede der sechs Farben ein Symbol auszuwählen. Hierauf stellt man sich das rote Symbol im physischen Reflexionspunkt des Wurzelchakras im Dammbereich vor. Dann atmet man sozusagen durch diesen Punkt ein und aus. Die Aufmerksamkeit ruht meditativ, d. h. nicht analysierend, nicht deutend oder denkend, zwei bis fünf Minuten auf dem farbigen Symbol im Chakrapunkt. Danach bewegt sich die Aufmerksamkeit ins Bauchzentrum, wo man das orangefarbene Symbol imaginiert. Durch diesen Punkt atmet man ein und aus. Entsprechend werden die übrigen Chakrapunkte behandelt, bis zum Augenbrauenzentrum. Anschließend bewegt man sich in der Vorstellung wieder abwärts. Dabei verharrt das Bewußtsein aber nur so lange am jeweiligen Chakrapunkt, bis die Vorstellung des farbigen Symbols sowie ein Kontakt mit dem Chakrapunkt entstanden sind.
Diese Übung hat in erster Linie eine ausgleichende Funktion. Sie faßt in der Körperlichkeit der einzelnen Chakrapunkte vier Aspekte zusammen: die ätherische Vibration durch die Vorstel-

lung der Farbe; den symbolischen Aspekt dadurch, daß ein farbiges Symbol angebracht wird. Der Atem wird in die Übung einbezogen und so in die einzelnen Chakrapunkte geleitet. Und schließlich werden durch die meditative Aufmerksamkeit das Bewußtsein und das Mentale in den Prozeß einbezogen. Diese Übung verwendet die Selbstabbildung der Aura in Träumen. Daher ist sie sekundär auch eine Technik, die das Bewußtsein darin übt, das aurische Energiefeld zu erfassen.

Wie das esoterische Bestreben der Pythagoräer auf den geometrischen Aurastrukturen beruhte, so beruht die Schulung gewisser muslimischer Bruderschaften auf der Farbwahrnehmung im Traum.

Erfahrung zeigt, daß diese Farbübung die Fähigkeit des Bewußtseins zur Wahrnehmung der aurischen Farben ähnlich fördert wie die Elementmeditation seine Fähigkeit, die verschiedenen Energieaspekte zu erleben.

Beginnt man mit der hier geschilderten chromatischen Traumsymbolübung zu arbeiten, werden die Träume ihre Farbspiegelung verstärken. Eine größere Anzahl eindeutiger Farbensymbole wird im Traum auftauchen.

Wird diese Übung längere Zeit angewandt (sechs bis zwölf Monate – in kürzerer Zeit wird sie keine nennenswerte Wirkung zeigen), sind die jeweils aktuellen Farbsymbole kontinuierlich zu verwenden. Wurde anfänglich zum Beispiel ein blauer Schmetterling im Halschakra angewandt, im nächtlichen Traum erscheinen aber blaue Kornblumen, so wird in diesem Fall der Schmetterling durch die Blumen ersetzt; entsprechend die Symbole der anderen Chakren. Auf diese Weise wird die meditative Übung mit dem Traumprozeß und dadurch auch mit der aurischen Ausstrahlung harmonisiert.

Außerdem hat sich gezeigt: Arbeitet man mit der hier beschriebenen chromatischen Meditationsübung, während gleichzeitig die Träume durch die im ersten Teil referierte Ausgleichungstechnik geklärt werden, so neigen die Traumfarben dazu, sich von Massiven und Kompakten zu mehr Pastellhaften hin zu entwic-

keln, bis sie schließlich transparent werden wie die Farben des Regenbogens und der Aura.
Erscheinen aurische Farben und Phänomene im Traum, so nähert sich der Moment, da das wache Bewußtsein die Aura zu erfassen beginnt. Eine entscheidende Phase des Entwicklungsprozesses tritt ein, wenn die Symbolisierungen der Ebene der Weisheit mit der transparenten Regenbogenaura verbunden werden. Hier kann man – nachts in sogenannten Träumen oder während der Meditation – Weisheitsgestalten begegnen, die von einer regenbogenhaften transparenten Aura umgeben sind. Bestehen diese durchsichtigen Farbkreise um einen Repräsentanten der Weisheit aus fünf oder mehr klar getrennten Abstufungen, so ist man der Aura eines Meisters begegnet; das heißt, daß man in einem Zustand höheren Bewußtseins einer Symbolisierung erleuchteten höheren Bewußtseins gegenüberstand. Eine derartige Begegnung ist eine Initiation; sie ist der Kontakt zu einem inneren erleuchteten Ratgeber. Von nun an wird der Entwicklungsprozeß, die Selbstentfaltung der Persönlichkeit, von der Ebene des inneren Ratgebers aus reguliert und überwacht.

Träume als Auragramme

Große archetypische Träume, intensive Träume mit entscheidenden Symbolen und mit einer oder mehreren der sechs Chakrafarben oder ebenso gewichtige Träume, die Farben der höheren Aura enthalten: rosa und pfirsichblütenfarbig, silbern und golden – solche Träume sind Bilder des Energiefeldes, deren Farben direkt in dieses Feld überführbar sind, und die Symbole geben den vom Traum gespiegelten Energieaspekt oder die jeweilige Bewußtseinsebene an (ätherisch – astral – mental – spirituell).
Wie wir sahen, repräsentieren die gewöhnlicheren Farben im Traum die Ausstrahlung und Aktivität der sechs ätherischen Chakrapunkte. Eine Untersuchung der eigenen Träume – der großen, direkt auragrammatischen und der allgemeineren Spektralfarbenträume – über einen längeren Zeitraum (z. B. sechs Monate) mit Hilfe der bisher geschilderten Prinzipien ermöglicht

es, die eigene Aura, wie sie sich durch den Traumprozeß darstellt, abzubilden.
So kann man zum Beispiel zunächst feststellen, welche Farben im Traum auftraten, und darauf jede – wenn sie natürlich erscheint – in einen positiven und einen negativen Aspekt einteilen. In der Folge lassen sich dann alle Farbsymbole nach ihrer Zugehörigkeit der tieferen (physisch – ätherisch – astral – intellektuell-mental) oder der höheren Aura (weisheitsbezogen – mental-spirituell – in den höheren Farben) zuordnen. Abschließend kann man die typischsten Farbsymbole um eine menschliche Figur herum zeichnen und die Farben nach Chakren und nacheinander entsprechend der inneren oder der äußeren Aura ordnen.
Solche Auragramme kann ein Träumer nach hinreichender Arbeit mit Übungen aufgrund der hier angegebenen Richtlinien, die die Farben und Symbole der Träume mit dem Chakrasystem verbinden, selbst herstellen.
Wir wollen nun summarisch einige Grundzüge anhand der folgenden vier Beispiele andeuten:

1. Charakteristisch ist hier die ungewöhnlich deutliche, von meditativer Praxis geprägte mentale Aura, die in der Form konzentrischer Kreise um den Kopf herum abgebildet wurde. Eine meditativ ungeübte mentale Ausstrahlung ist von chaotischen und isolierten kreisförmigen Strukturen geprägt, die einem diskontinuierlichen Denken entsprechen: Gedanken, die sich im Kreis bewegen. Erst wenn ein meditatives Geübtsein des mentalen Systems erarbeitet ist, zeigt sich der mentale Aufbau in der Form konzentrierter Kreisstrukturen. Die goldene Farbe des äußeren Kreises deutet das Einströmen spiritueller Energie in die mentale Aura an.
Ein deutliches Ungleichgewicht ist aus dem Auragramm zu ersehen. Die Gestalt sieht aus, als könne sie umfallen oder das Gleichgewicht verlieren. Es fehlen schwere verankernde Wurzelsymbole (man vergleiche mit der Schwere und Erdung im dritten Beispiel).

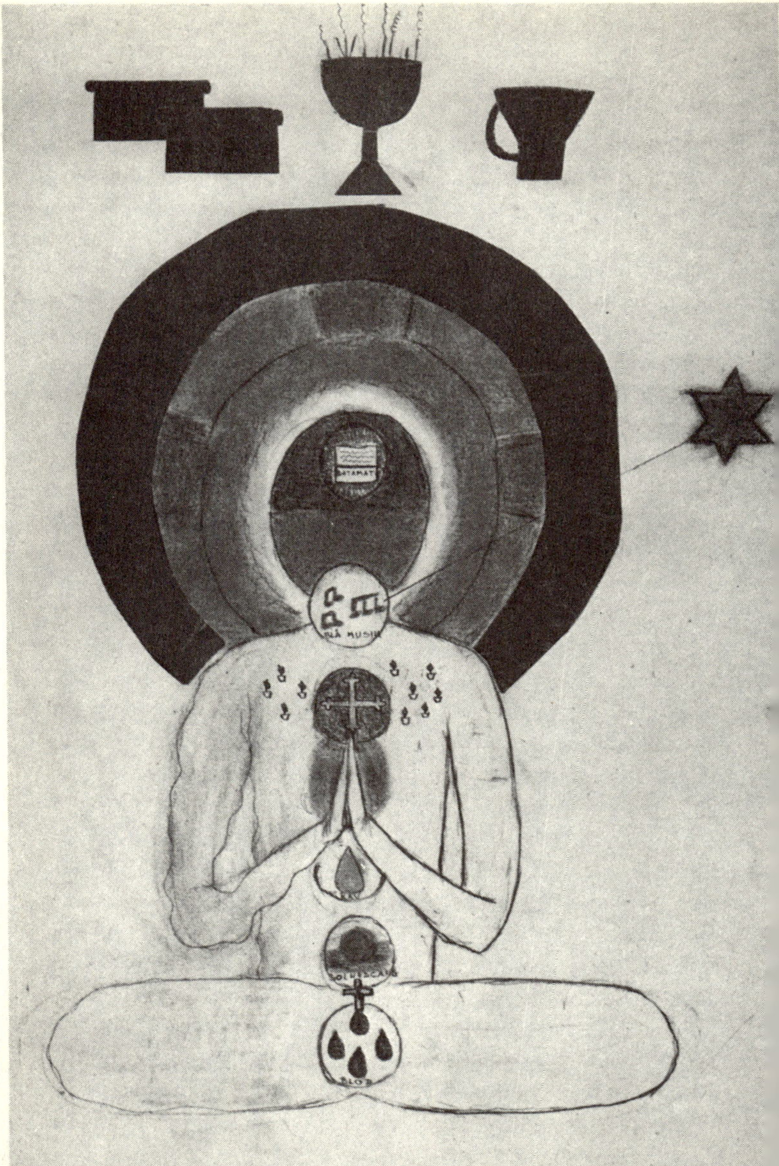

I

II

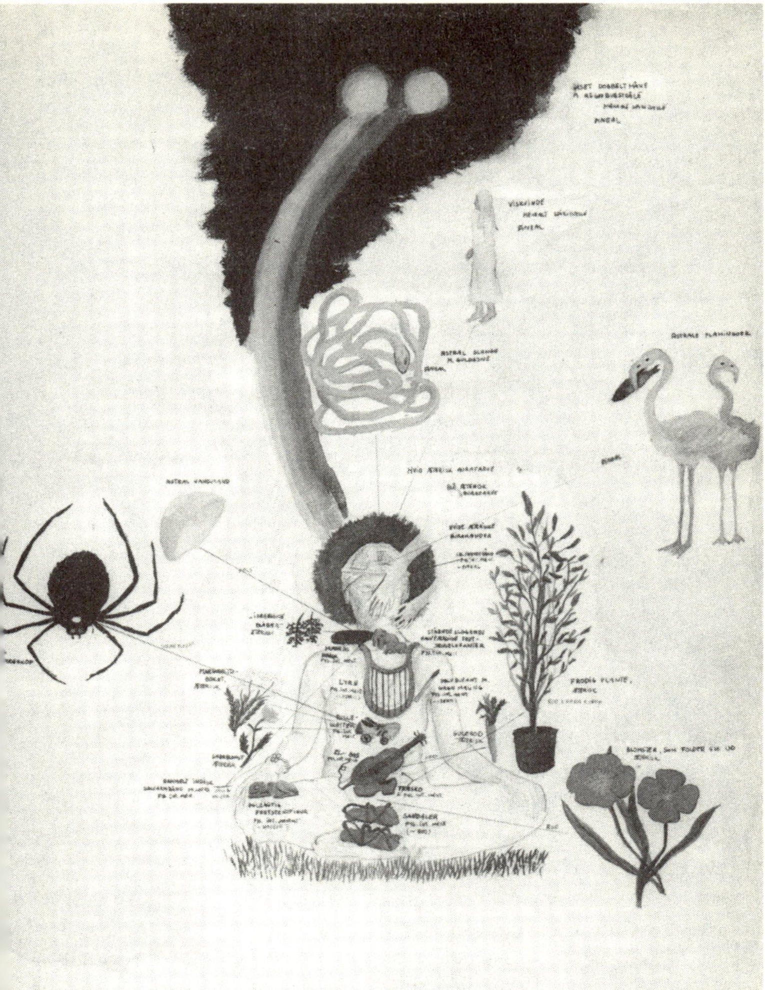

IV

2. Die Zeichnung zeigt ein gutes Gleichgewicht entlang der Zentrumslinie vom Wurzelbereich zum Essenzpunkt (oben: die goldenen Sterne).
Der strömende spontane Entwicklungsprozeß, der im Träumer verlief, ist vielleicht erkennbar. Auffällig ist die scheinbar konfliktlose, undramatische Ästhetik, die die Gestalt dominiert.
Eine genauere Betrachtung der einzelnen Symbole beleuchtet aber das Konfliktmaterial: die schwarze Schlange (unten) und der schwarze Skorpion: die gelbe Schlange (mitte links) und der Löwe; der grüne astral gesehene Totenschädel, die schwarzen Vögel um das violette Gesicht (oben rechts).
Ein spontan verlaufender Entwicklungsprozeß durch das Chakrasystem wird verständlicherweise von dramatischen Klärungs- und Umstrukturierungsprozessen begleitet. Das fehlende Gleichgewicht zeigt sich folglich in der Tatsache, daß das Bewußtsein in diesem Bild nicht in ausreichend realistischem Kontakt mit dem Drama des Prozesses ist. Der Träumer hat zwei noch nicht koordinierte Seiten der Persönlichkeit, die ästhetisch-verfeinerte, ausgeglichene Seite gegenüber einer überaus emotionalen und dramatisch entladenden Seite.

3. Typisch ist hier das Fehlen von Kontakt und Strömung entlang der Zentrumslinie. Das Energiefeld ist in scharf umgrenzte schräge Sektionen aufgebrochen, die den noch fehlenden Zusammenhang, die gegenseitige Durchdringungsfähigkeit zwischen den höheren Energieformen (gold: oben links und rosa: schraffiert von oben rechts aus hinter Kopf und Schulter) und den schweren, einander blockierenden Strukturen (die scharf kontrastierten, fast kubistischen Grenzflächen) zeigt.
Der reinigende, läuternde, verbindende Prozeß deutet sich jedoch in den orangefarbenen Flammenformen (rechts und links) an.
Diese Persönlichkeit fühlt sich deutlich eingesperrt, noch ohne entscheidenden Kontakt mit den klar im Energiefeld enthaltenen Ressourcen (gold, rosa; auf der unteren Stirn das Symbol der Zirbeldrüse).

4. Diese Gestalt zeigt eine außergewöhnlich sensitive Persönlichkeit, deren ätherisches und astrales Energiefeld gelöst und erweitert ist, wie sich das im allgemeinen nur bei Menschen zeigt, deren Arbeit mit dem Energiesystem sie zur Wahrnehmung der Aura befähigt hat.
Die Erweiterung und die psychischen Möglichkeiten sind unmittelbar deutlich. Was fehlt, ist die Zentrierung. Die Persönlichkeit kann sich in dem Verschmelzen des Energiefeldes mit der Umwelt und anderen verlieren. Die hier gestellte Aufgabe ist das Erarbeiten einer auf sich selbst beruhenden Zentrierung im Herzbereich.
In der mentalen Aurastruktur zeigen sich meditative Möglichkeiten, die im Falle ihrer Entwicklung bei der Erarbeitung dieser Zentrierung helfen können.

Ein Vergleich der Beispiele zeigt, daß sie jeweils eine typische Stärke zeigen, das essentielle Potential der Persönlichkeit: 1) spirituell-meditative Möglichkeiten; 2) spontane Kreativität und Gleichgewicht; 3) spirituelle Kraft; 4) psychisch heilende Möglichkeiten. Ebenso zeigt jedes Beispiel einen charakteristischen Mangel, der die Aufgabe der Persönlichkeit ausmacht: grounding, Selbsterkenntnis, Koordination, Zentrierung.
Der Zweck eines solchen Auragramms dürfte einleuchten. Zunächst ist es ein kreativ spielerischer Prozeß, der einen farbigen visuellen Überblick über das eigene Energiefeld ermöglicht. Zum andern läßt sich ein solches Auragramm als Gegenstand einer Meditation verwenden; man kann versuchen, diese aurische Atmosphäre direkt in sich und um sich selbst herum wahrzunehmen oder zu fühlen.

Die transformative Alchemie der Chakren

Das Chakrasystem ist ein sinnvolles Modell, das Bewußtseinsformen vom gewöhnlichen Ich-Bewußtsein bis hin zu entschieden höheren Bewußtseinszuständen umfaßt. Diese Darstellungsform kann dem Bewußtsein in seinem Prozeß der Selbsterweiterung bis zu dem Punkt helfen, da es in einem Sprung, in der Transformation zu einem höheren Bewußtsein, seine Struktur und Qualität entscheidend ändert.

Im Osten hat man die Chakraleiter mit einem Gerät verglichen, mit dessen Hilfe man von einer Ebene zur nächsten, höheren gelangt. Hat dann das Gerät, die Technik, das Modell seinen Zweck erfüllt, so bleibt es liegen. Das Chakrasystem – so sagt der Buddhismus – ist ein Boot; es wird verwendet, um von diesem Ufer des Flusses zum anderen zu kommen. Dort aber wird es dann nicht weiter mitgeführt. Ein Festhalten an der Technik oder eine Identifikation mit der Beschreibung der Chakren hemmt die Entwicklung. Das Hilfsmittel ist nur während des Übergangs von Nutzen; dabei aber ist er überaus groß.

Er besteht unter anderem darin, daß die Chakrapunkte ein Bezugssystem sind, welches sehr tiefgreifende Einblicke in die menschliche Natur gestattet. Phänomene, die in anderen Beschreibungsmodellen als unvereinbar erscheinen, lassen sich durch Erleben und Klassifizieren mit Hilfe der Chakren oft ohne weiteres miteinander verbinden. Schon die Tatsache, daß die Chakrapunkte vom physischen Körper über das ätherische Energiefeld und die psychologische Sichtweise bis in symbolische und bewußtseinshafte Nuancierungen hinein reichen, ermöglicht ein hohes Maß an Zusammenhang und Verständnis.

Kraft der ausgleichenden Funktion des Chakrasystems ist es zum Beispiel möglich, eine Krankheit in einem bestimmten Körperbereich mit entsprechenden Farben in Träumen und mit alltäglichen Verhaltensweisen zu verbinden. Schließt die Betrachtung auch die entwicklungsbezogene Funktion der Chakrapunkte ein, so lassen sich Krankheit, Traumfarbe und Verhaltensweise in Verbindung mit archetypischen Symbolkategorien aus Traum und Aura, sowie mit Entwicklungspotentialen usw. betrachten. Nach einer solchen diagnostischen Betrachtung ermöglicht die Kenntnis der Chakrafunktionen eine individuell angepaßte Technikbeschreibung, und daraufhin kann der Betreffende durch

Chakraübungen und Meditation selbst Bewußtsein über das relevante Problem erarbeiten und seinen Beitrag zu Ausgleich, Heilung oder Entwicklung leisten.
Zur genaueren Beschreibung des transformativen Aspektes im Chakrasystem wollen wir eine Gruppe von Symbolen und Prozessen beschreiben, die jeweils mit einem Chakra verbunden sind, und die in ihm enthaltenen Verwandlungsmöglichkeiten und Potentiale charakterisieren.
Wie bereits erwähnt, verwenden wir als Grundlage einen westlichen alchemistischen Text. Im ersten Kapitel dieses Teils gingen wir von einer klassischen indischen Chakraschematisierung aus; in diesem Kapitel verwenden wir eine klassische westliche. Der zeitliche Abstand zwischen beiden Texten beträgt nur vierzig Jahre, und jeder direkte Zusammenhang ist ausgeschlossen. Beide Texte stützen sich auf authentisches Selbsterleben. Wir wollen zeigen, in welcher Form die alten alchemistischen Chakrasymbole in unseren heutigen Träumen und Meditationen auftauchen und wie die von ihnen beschriebenen Transformationsprozesse heute aussehen.

1. Die Alchemie des Wurzelchakras

Zu Beginn der Erzählung, die in dem westlichen alchemistischen Text berichtet wird, werden der König, die Königin und ihre Familie am Hochzeitstag von einem schwarzgekleideten Scharfrichter geköpft. In der Folge widerfährt ihm das gleiche, und die Leichen werden in sieben Särge gelegt. Der alchemistische Prozeß drückt sich nun darin aus, daß eine Gruppe mit den sieben Särgen über das Meer zu einer Insel reist, auf der ein sieben Stockwerke hoher Turm steht. Die Gruppe wird mit den sieben Särgen im untersten Stockwerk des Turmes eingeschlossen, und die Erzählung stellt nun in sieben Abschnitten die Symbole der Prozesse dar, die zu jedem der sieben Stockwerke gehören.
Der Prozeß im Wurzelzentrum beginnt – und verstärkt sich – dadurch, daß König, Königin und Schatten (der schwarze Scharfrichter) tot sind. König und Königin stellen die Spitze der

gesellschaftlichen Pyramide dar, sie symbolisieren die alltäglichen Prinzipien des gewöhnlichen Ich-Bewußtseins. Die Orientierungskriterien, nach denen man lebt – Job, Karriere, Familie, Geld und Macht – sind die Dominanten des täglichen Lebens. Entdecken wir, daß diese festen Normen zusammenbrechen können oder nicht mehr zufriedenstellend sind, so wird eine tiefere Daseinsperspektive möglich.

Träumt man von Toten, so werden die Verwandlungsmöglichkeiten des Wurzelchakras aktiviert. Insofern als König und Königin die gesellschaftlichen archetypischen Aspekte von Vater und Mutter darstellen, gehören die sehr normalen Träume von verstorbenen oder getöteten Eltern in diesen Zusammenhang.

Sterben Vater und Mutter im Traum, so weist die Gesamtpsyche das Ich darauf hin, daß sie zu viel Platz einnehmen. Man ist zu sehr ein Produkt der Eltern, hat sich mit dem Bild identifiziert, das diese von einem selbst hatten. Man ist Vaters tüchtiges, Mutters unartiges Mädchen usw. Der Tod der Eltern im Traum kann die Bereitschaft andeuten, sich dieser milieu- und gesellschaftsbedingten Selbstauffassung bewußt zu werden und sich von ihr zu befreien.

Der Tod des Schattens sowie Skelette im Schrank beschreiben erstarrte, physisch gewordene Energien, Körperblockierungen, neurotisch fixierte Verhaltensweisen usw.

Gewohnheiten, Routine sind tote Energie, erstarrte Bewegung, Monotonie, oder, konkret: Träume von Toten. Die Toten im Sarg sind das Ausgangsmaterial, *prima materia*. Sie sind erstarrte und verfestigte Energiemengen, die gewaltige verschwundene Energiemasse, die dadurch gebunden ist, daß man das Bild der Eltern, die Normen des Milieus, die Forderungen der Klasse zu erfüllen und sich einen Platz in der Gesellschaft zu erkämpfen versucht. Die an der Kulisse des Alltags und dem Gefängnis der Persönlichkeit festgefrorene Energie, die in der Kindheit fließend und lebend gewesene Energie, die während des Heranwachsens und durch Anpassung an Meinungen und Einförmigkeit ungeschmeidig und hart wurde – eben diese Energiereserve ist prima materia.

Im Turm des Selbst stößt die Gruppe auf einen Lehrmeister. Hat ein Mensch die Frage gestellt, ob der Alltag seinen Preis wert ist, und hat er entdeckt, daß das Licht verschwunden, das Leben tot ist, und wendet er sich darauf nach innen, so wird er auf Weisheit stoßen. Weisheit bedeutet, nicht einseitig alle Energie nach außen zu verschwenden. Sie bedeutet, zwischen dem Selbst und der Umwelt ein Gleichgewicht zu finden. Fragt daher das Ich, wo Freude und Energie, Hoffnung und Spiel geblieben sind, so wird der Mensch entdecken, daß die strömende Energie in all das umgesetzt wurde, was nun zu festen Normen und zu Sicherheit geworden ist: der etablierte Alltag mit seiner Langeweile und Leere. Die Arbeit daran, Spiel, Freude und Lust wieder freizusetzen, ist Individuation.

Im Innern des Turmes, im Innern des Leibes begegnen einem die verschiedenen Stockwerke der Chakren. Es werden nun Flügel, Taue oder Leitern unter der Gruppe verteilt. Diese Symbole charakterisieren die drei Hauptwege, nach denen die Entwicklung durch das Chakrasystem verlaufen kann. Man kann die weibliche, kühle Art anwenden, die durch die Flügel symbolisiert wird. Dies ist die passive Akzeptanz des Tantra; sie ist ein weibliches Mit-schwingen mit dem Geist, nicht ein männliches Mit- oder Ankämpfen. Die Flügel entsprechen dem *Ida* des Ostens, dem kühlen Mondkanal von der Wurzel zum Ajna Chakra. Das Tau ist der yogische, anstrengende, aktiv männliche Weg. Dieses Verfahren vermittelt Schweiß und Wärme. In den Yogatexten des Ostens wird dieser Weg als *Pingala,* der männliche, heiße Sonnenweg beschrieben. Schließlich gibt es die Leiter, das stufenweise Aufsteigen. Dies ist der mittlere Weg, der zugleich leicht und schwer ist, kühl und warm, männlich und weiblich. Dies ist der Weg der Initiation durch den Zentralkanal: *Sushumna*.

Es gibt Entwicklungssysteme oder Wege, die primär yogisch sind, in denen die Betonung auf Disziplin und Kontrolle liegt. Yoga ist Beherrschung durch Bewußtsein. Dies ist entscheidend. Finden Disziplin und Kontrolle ohne Bewußtsein statt, so erfolgt Repression, eine Verzerrung der Persönlichkeit. Das Bewußtsein

ist also das übergeordnete Prinzip. Ebenso verhält es sich in tantrischen Entwicklungsprozessen. Ein passives taoistisches Horchen auf den inneren Weg der Energie und der Natur wird zu Schlaffheit oder Hedonismus, wenn nicht auch hier das Bewußtsein das übergeordnete Prinzip ist. Tantra ist Akzeptanz durch Bewußtsein.
Auch im primär initiatorischen Weg liegt die Betonung auf diesem Bewußtsein. Initiation, Einweihung, ist eine Einführung in höheres oder erweitertes Bewußtsein. Fehlt die Bewußtseinsqualität, so verfällt Initiation ins Ritual oder zu gefühlvoller, aber zutiefst unbewußter Magie.
In der Praxis zeigt es sich oft, daß diese drei Wege als Aspekte eines Entwicklungsvorganges fungieren. In bestimmten Situationen ist der yogische Weg der zweckmäßigste. In anderen Zusammenhängen erweist sich die tantrische Haltung als fruchtbarer, und zu anderen Zeiten ist der initiatorische Aspekt der vorherrschende.

2. *Die Alchemie des Harachakras*

Mit Hilfe des Taues, der Flügel oder der Leiter kommt die Gruppe durch ein Loch in der Decke zum zweiten Stock, dem Chakra der Bauchmitte. Hier werden die Leichen des Königspaares und des Schattens zusammen in einen verschlossenen Behälter verbracht, in dem ein Kreislauf stattfindet – durch einen Ziehbrunnen mit einer Fontäne symbolisiert, so daß das Wasser ständig in das geschlossene System zurückgeleitet wird. Außerdem wird dieser geschlossene Kreislauf erwärmt. Es geht darum, die Leichen aufzulösen und ihre Essenz zu finden.
Der Brunnen mit seiner Fontäne symbolisiert die ewig strömende Energie des kollektiven Unbewußten. Außerdem bildet das stetig fließende Wasser die sexuelle Energie ab, die beständig im Chakra der Bauchmitte produziert wird. König und Königin stehen für die männliche und die weibliche Energie im Menschen. Sexualität ist die männlich/weiblich polarisierte, kollektiv unbewußte Energie.

Das geschlossene System, das hermetische alchemistische Gefäß, ist ein Grundsymbol für den transformierenden meditativen Prozeß. Transformation findet statt, wenn das Bewußtsein die natürlich strömende Energie in sich selbst zurücklenkt. Die Energie eines Menschen bewegt sich aus sich selbst heraus freifließend nach außen. Die unbewußte Energie strömt aus dem biopsychischen Zentrum in die Umwelt, sie entfaltet sich dort und paßt sich an. Auch die ständig sich aufbauende sexuelle Energie strömt – sofern sie nicht gehemmt wird – nach außen in Erotik, Sexualität, Fortpflanzung. Dieser nach außen gerichtete Energiestrom tendiert dazu, Stoff, Materie zu werden, sich zu inkarnieren. Die Energie schafft und bewahrt den Körper, sie reproduziert die physische Basis des Bewußtseins durch die Fortpflanzung und erschafft Dingliches um sich herum. Die nach außen strömende Energie macht die Welt sichtbar und inkarniert das Bewußtsein in der physischen Welt. Wird Energie gehemmt, so strömt sie zurück, wird regressiv. Die letztendliche Idee der Regression ist es, zu einem Punkt, einem Zustand zu finden, von dem aus Progression wieder möglich ist.

Meditation ist weder Progression noch Regression, sie ist weder nach außen-hinströmende noch nach innen-zurückfließende Energie. Meditation ist die Wahrnehmung der strömenden Energie, ein objektiv registrierender Widerspiegelungsprozeß. Erfaßt das meditativ beobachtende Bewußtsein den Energiezufluß, so wird dieser sozusagen durch einen Kreislauf zu sich selbst zurückgeführt. Progressive wie auch regressive Energien werden in der Meditation zu sich selbst zurückgelenkt. Schließt das meditative Bewußtsein den Energiestrom in seinem alchemischen Glaskolben ein, so potenziert sich, bildlich gesprochen, die Energie: durch die meditative Funktion des Bewußtseins wird sie zu einer sich selbst verstärkenden Kraft.

Die Alchemie verwendet als Analogie das Phänomen des Bebrütens. Brüten ist weder eine geradlinige – in derselben Qualität verbleibende – Progression noch eine Regression. Wird ein Ei ausgebrütet, so findet eine Verwandlung statt, das qualitative Niveau wird angehoben.

Wachstum ist eine natürliche Potenzierung, ein natürliches Anheben der Energie. Meditation ist Wachstum. Durch sie wird das natürliche menschliche Wachstum fortgesetzt; so verstanden, daß die Natur mit Hilfe des Bewußtseins durch Meditation im Leben eines Menschen das vollenden kann, wozu sie ohne Bewußtseinshilfe Jahrtausende benötigen würde.

Die Evolution der Natur ist tiefe, langsame, kosmische Meditation. Natur ist selbst Meditation – wäre sie es nicht, so wäre qualitatives Wachstum nicht möglich. Beginnt das Bewußtsein, seine eigene Natur zu verstehen, so versteht es, daß seine letztendliche Funktion die Verstärkung der naturimmanenten Meditation ist. Es kann linear bleiben, sich mit einer Identifikation mit der Progression oder Regression der Energie begnügen. Oder es kann sich aus der Identifikation mit dem Lebensprozeß zurückziehen, sich von der Erdgebundenheit freimachen, meditativ werden, Zeuge werden. Das Bewußtsein ist ein Ergebnis der entwicklungsgerichteten Meditation der Natur. Diese hat durch ihre Meditation das normale Bewußtsein hervorgebracht. Versteht das Bewußtsein dies, so wird es selbst meditativ werden und diesen Prozeß zu höherem Bewußtsein hin fördern.

Das Bewußtsein kann auf seinem eigenen Niveau verbleiben und sich in der Natur, im Leben verlieren. Oder es kann durch das Verständnis seiner eigenen Natur die natürliche Meditation der Evolution nachahmen und seine eigene, instinktiv unbewußte Basis meditativ umschließen, wodurch die Möglichkeit höheren Bewußtseins geschaffen wird. Das hermetische alchemistische Gefäß ist ein Grundsymbol des meditativen Bewußtseins, das die unbewußt instinktive Grundlage rein beobachtend umschließt und spiegelt.

Durch Essen, Trinken und Atmen wird die biophysische Energiebasis geschaffen, die in Sexualität, in Lebenstrieb, im Unbewußten die Grundlage des Bewußtseins bildet. Dieses ist entstanden durch die Meditation der Natur über Speise, Trank, Luft, und weiter: über Leben, Sexualität und Unbewußtheit. Hebt sich das Bewußtsein vom untersten, unmittelbar gegebenen psychologischen Zentrum zum zweiten Chakra, so beginnt es, die der Natur eigene Meditation zu verstehen und nachzuahmen.

Die unbewußten – sexuellen und instinktiven – Prozesse, die mit dem zweiten Chakra verbunden sind, werden von der meditativen Undurchlässigkeit des Bewußtseins umschlossen. Stagnation im Leben des Erdchakras ist der Versuch der meditativen Natur – des Selbst –, das Bewußtsein zu wecken: Die Toten im Traum, die Leichen, sind Ausrufezeichen, die dem Bewußtsein zeigen wollen, daß es einen tiefergehenden Sinn hat. Der Impuls zur Entwicklung wird durch Langeweile, Stagnation oder Schock in der Lebensgestaltung des normalen Bewußtseins gegeben.

Die blockierte materialisierte Energie wird im zweiten Chakra mit der strömenden Energiequelle verbunden – mit dem kollektiv Unbewußten, der Sexualität und der Instinkthaftigkeit. Solange es Leben gibt, strömen diese Quellen. Trotz aller Erstarrung, Neurose und Stagnation erhält das biophysische System beständig die Lebensquelle in ihrem kollektiv unbewußten, ihrem sexuellen und ihrem instinktiven Aspekt. Der Transformationsprozeß des zweiten Chakras besteht darin, die starre, gefrorene, tote Energie meditativ mit der Quelle des Lebens, mit der kollektiv unbewußten Kreativität und der Sexualität zu verbinden. Hierdurch wird das Harte, Verfestigte flüssig.

Wir wollen dies ganz handgreiflich verstehen: Eine Gewohnheit, zum Beispiel das Zähneputzen oder das Spülen, wird isoliert. Eine solche Gewohnheit ist eine reflexhafte Handlung; sie wird gedankenlos durchgeführt. Man denkt an etwas anderes, ist nicht gegenwärtig in der Handlung. Die Gewohnheit, die Routinehandlung, wird durchgeführt, und gleichzeitig sind Bewußtsein und Sinn mit etwas anderem beschäftigt. Das Leben hat die Routine, die automatische Handlung vor langer Zeit verlassen. Eine solche Reflexhandlung ist existentiell eine Leiche. Eine tote, erstarrte Form, aus der Sinn, Bewußtsein und Gefühl sich längst zurückgezogen haben.

Meditation kann die erstarrte, tote Energie wieder fließend werden lassen. Die Alchemie beschreibt diesen Prozeß, wenn sie sagt, daß die Toten in einem hermetisch verschlossenen Gefäß im

Harachakra verflüssigt werden. Praktisch mag dies folgendermaßen vor sich gehen: Zunächst wird eine Gewohnheit, eine Reflexhandlung ausgewählt. Diese isolierte Routinehandlung versucht man nun drei Monate lang jedesmal, wenn sie ausgeführt wird, mit meditativem Bewußtsein zu umschließen und sich gleichzeitig im Harachakra zu zentrieren.

Man putzt zum Beispiel die Zähne so, daß das Bewußtsein sich nur mit dem Geschmack, dem Gefühl in der Mundhöhle, den Bewegungen im Handgelenk usw. beschäftigt. Unter dieser meditativen Beobachtung fühlt man gleichzeitig sein Bauchchakra oder ist auf es aufmerksam. Dieses Verfahren wird zu dem Erlebnis führen, daß Leben in die tote, existentiell gesehen leere Handlung zurückkehrt. Selbst die Träume werden sich ändern – falls man, wohlgemerkt, so handelt.

Ein Zen-Meister wurde gefragt, worin seine Meditation bestehe. Er antwortete: Wenn ich Tee trinke, trinke ich Tee. Esse ich, so esse ich. Dies ist der Meditationsprozeß in seiner ersten entscheidenden Phase – gegenwärtig sein; was man tut, voll und ganz mit seinem Bewußtsein umschließen. Meditation bedeutet, völlig da zu sein, wo man ist, genau das zu tun, was man tut. Wir aber denken eins, sagen das andere und tun das dritte – und obendrein alle drei Dinge gleichzeitig. Der Zen-Meister tut nur jeweils eines, dies aber voll und ganz. Und eben das ist Meditation.

Um es sich besser zu vergegenwärtigen kann man auch eine Körperblockierung, eine erstarrte Verhaltensweise oder ähnliches isolieren und sich dann niedersetzen, sich im Harachakra zentrieren und das Bewußtsein hier die gewählte »Leiche« einfach meditativ umschließen lassen. Dies wird zu der Entdeckung führen, daß sich das kollektiv Unbewußte wie auch das Sexuell-Instinktive in Form von Stimmungen und Bildern in den Prozeß einmischen wird.

Meditation bedeutet: beobachten, ohne sich einzumischen, ohne zu werten. Das Bewußtsein umschließt das ausgewählte Phänomen, es urteilt nicht, ob dieses gut oder schlecht ist. Das meditative Bewußtsein sagt weder ja noch nein. Auf dieser Stufe bewirkt dies die Auflösung des Phänomens. Außerdem wird der

Prozeß durch die Energiereserven des kollektiven Unbewußten und durch den sexuellen Energieaspekt stimuliert.
Was sich auch zeigt, was auch geschieht: Das Bewußtsein verbleibt ruhig und widerspiegelnd im Harachakra. Die hier skizzierte Meditationsform ist die transformative Alchemie des Harachakras.
Im Traum spiegelt die hier angedeutete Problematik sich zum Beispiel im Symbol des Merkurbrunnens, oder, direkter, darin, daß ein Mann und eine Frau sich – zerstückelt – in einem mit Wasser gefüllten durchsichtigen Behälter befinden.

3. Die Alchemie des Solarplexus

Im zweiten Chakra wurden das tote Königspaar und der Schatten aufgelöst. Die flüssige Substanz wird in eine goldene Kugel gegossen. Diese Kugel findet sich, wie die Gruppe sieht, als sie dort ankommt, aufgehängt im Zentrum des dritten Stockwerkes des Turmes.
Das dritte Stockwerk ist wechselweise von Fenstern und Spiegeln umgrenzt. Die Sonne scheint in eines dieser Fenster, und die Spiegel sind so angebracht, daß sie sich in ihnen allen reflektiert und so ihr vervielfältigtes Licht auf die an einer Kette im Zentrum des Raumes hängende Goldkugel wirft. Das Licht ist überwältigend stark, und dadurch wird die Goldkugel erwärmt. Schließlich wird sie mit Hilfe eines Diamanten geteilt, worauf sich zeigt, daß die flüssige Substanz sich in ein schneeweißes Ei verwandelt hat.
Dieser Entwicklungsprozeß bezieht seine Energie aus den drei unteren Chakren. Hier wird eine biophysische Energie aufgebaut, die entweder ausschließlich nach außen oder nach außen und innen gewandt werden kann. Das Wurzelchakra kann die überflüssige Energie freigeben, die sonst von der Persönlichkeit in der Form materieller Unersättlichkeit in die Welt projiziert wird.
Das Harachakra vermag die großen Mengen sexueller Energie freizugeben, die sich sonst im Begehren nach sexueller Weite in

die Umwelt wenden. Die Sexualität ist eine quecksilberhafte Energie, stets in Bewegung, immer auf der Suche nach neuen Polaritäten, neuen Abenteuern. Die Energie, die in Entwicklung freigesetzt und benutzt werden kann, ist der Anteil des materiellen und sexuellen Begehrens, der die übertriebene Ausrichtung hin zu Materiellem und Sexuellem ergibt. Hier findet eine Verschiebung der Betonung statt. Der Drang nach Materiellem und Stofflichem wird auf ein angemessenes Niveau gesenkt, und die freigesetzte Energie trägt zum Wachstum der Persönlichkeit, zu höherem Bewußtsein bei.

Im Solarplexus wird der Prozeß durch das emotionale Feuer intensiviert. Wie wir sahen, ist die emotionale Energieform großenteils ein Relikt aus der Kindheit, in der emotionale Energie – ebenso wie zum Beispiel Muttermilch – notwendig war. Ihre Kontrolle oder ein radikales Verständnis der Emotionalität befreit diese Energie und wirft sie meditativ in sich selbst zurück, um zur Verwandlung zu gelangen. Es geht darum, die eigenen Emotionen nach außen zu bringen, so daß man sie sehen kann. Erst muß gesehen werden, wieviel Emotion in der Tiefe der Persönlichkeit liegt, wie sehr sie tabuisiert ist, wo im Körper sie verborgen ist. Daraufhin muß sie ausgedrückt werden in Wut, in Weinen, in Macht und Ohnmacht. Sie muß nach außen, in radikaler Katharsis. Erst dann ist es berechtigt, mit der meditativen Arbeit an der emotionalen Energieform zu beginnen. Die beiden ersten Stufen, die Lokalisierung der Emotionalität und ihre kathartische Reinigung, helfen bei der Entdeckung, was und wo Emotion ist.

Meditation führt diese Arbeit dadurch weiter, daß das Bewußtsein sich von der Identifikation mit den emotionalen Impulsen freihält. Es geht darum, daß das Bewußtsein lernt, die Emotionen zu sehen. Nicht sie zu bejahen und von ihnen verführt und verschlungen zu werden; noch sie zu verneinen und so zu verdrängen oder zu übersehen. Das meditative Bewußtsein sieht die Emotionen in ihrer tatsächlichen Gegebenheit. Dieser meditative Blick wendet die Energie zu sich selbst zurück.

Der Transformationsprozeß im Solarplexus hat folglich zwei

Phasen: Zunächst hält man sich die Emotionen vom Leib, löst die Identifikation mit ihnen auf: man versetzt sie sozusagen in eine goldene Kugel. Dann hält man dieses Bündel von Emotionen fest in der Meditation: so wird das Sonnenlicht vervielfältigt und auf die goldene Kugel gerichtet. Das meditative Bewußtsein umfaßt die Emotionen. Hierdurch wendet sich die Energie zu sich selbst zurück und verbindet sich mit der freigesetzten Energie des ersten und des zweiten Chakras. Die Synthese – die meditative Läuterung der Energiebeiträge aus den ersten drei Chakren – ist Bedingung für die Möglichkeiten höheren Bewußtseins, die sich in dem schneeweißen Ei der Erzählung symbolisieren.

Dieser Mechanismus ist aus vielen verschiedenen Traditionen bekannt. Seine Entdeckung ist kaum zu vermeiden, wenn man im eigentlichen Sinn einen von Meditation geleiteten Individuationsprozeß beginnt. Meditation wird von selbst die beschriebenen Transformationsprozesse enthüllen.

Im taoistischen alchemistischen Yoga – wie es sich in einem von Lu K'uan Yü übersetzten prachtvollen Originaltext dargestellt findet – werden diese Prozesse folgendermaßen symbolisiert:

Im Wurzelzentrum, »Tor der Sterblichkeit« genannt, erfolgt die alchemistische Transformation durch Zirkulieren des Atems. Der Einatem verläuft vom Wurzelchakra aus entlang der Wirbelsäule zum Kopf, worauf der Ausatem die Energie an der Vorderseite des Körpers entlang abwärts führt, bis sie im unteren *tan t'ien* – dem Feld des Präparates oder der ersten Retorte – landet. Hierdurch wird die Energie angehoben, zirkuliert und wird vom Wurzelchakra zum Hara geführt. In diesem unteren tan t'ien wird sie mit der Sexualität verbunden, und es entsteht eine Synthese: das Meer der Vitalität.

Ist diese Arbeit beendet, so wird das Präparat oder die Energie mit Hilfe des Atems ins mittlere tan t'ien angehoben, in die »gelbe Halle«, den Solarplexus. In diesem Zentrum oder »Feld des Präparates« erfolgt durch meditative Beobachtung der Energie in der sogenannten zweiten Retorte eine Verwandlung. Die Energie, die jetzt aus Beiträgen von Wurzel, Hara und Solarplexus zusammengesetzt ist, wandelt und symbolisiert sich nun als

goldener Fötus. Dieser stellt eine Bedingung für den weiteren Aufstieg zum letztendlichen Ziel höheren Bewußtseins dar. Träume vom numinosen oder kosmischen Ei, vom aurischen Ei, oder, wie es in einem Traum hieß, dem »Straußenei des Jahrhunderts«, deuten die hier berührten Transformationsprozesse und Potentiale im Chakra des Solarplexus an. Träume vom goldenen Ei, von Goldkugeln, goldenen Embryos, Goldschmuckstücken, die im Solarplexus sitzen, gehören zur Symbolkategorie des Manipura.
Zeigen sich, wenn wir eine menschliche Aura beobachten, goldene Symbolbildungen im Bereich des Solarplexus, so deutet das im allgemeinen eben die Bereitschaft bzw. die Möglichkeit von höherem Bewußtsein in der betreffenden Persönlichkeit an. Diese Menschen hatten entscheidende emotionale Prozesse erlebt, die die Grundlage für ein meditatives Erreichen dieser höheren Bewußtseinszustände bereiteten.

Vor dem Hintergrund der hier behandelten Transformationsprozesse in den drei unteren Chakren wird es möglich, die tiefere Bedeutung einer Reihe von sehr charakteristischen kollektiven Traumthemen zu verstehen, die im Lauf der letzten Jahre immer häufiger auftauchen.
Es handelt sich um die sogenannten kollektiven Katastrophenträume. Daß sie kollektiv sind, besagt, daß sie über die private Sphäre des Träumers hinausweisen. Sie scheinen allgemeine und tiefliegende Prozesse anzudeuten, die sich im gesamtmenschlichen kollektiven Unbewußten abspielen. Diese Katastrophenträume lassen sich in drei Typen einteilen:
a) aus dem Erdchakra kommende Träume von Erdbeben, zerstörten Städten und Ländern, Bedrohungen des gesamten Globus;
b) dem Wasserchakra angehörende Träume von Sintflut, Überschwemmungen, Flutwellen usw.; und schließlich
c) aus dem Feuerchakra kommende Träume von kollektiven Bränden nach Vulkanausbrüchen, von Meteorniederschlägen, Kriegen und Atombomben.
Die Häufigkeit dieser Katastrophenträume scheint deutlich anzu-

steigen. Nach dem, was hier über die Funktionsweise der Chakren ausgeführt wurde, mag einiges darauf hindeuten, daß sich entscheidende Äußerungen in der allgemein menschlichen Grundlage vorbereiten:

- In allen drei erwähnten Traumtypen zieht die Energie sich aus den wirklichkeitserhaltenden Funktionen zurück, die bisher von ihr erfüllt wurden.
- Es scheint, als verlasse sie kollektiv die materiell-physischen Investitionen, was sich in Chaos und Katastrophen im Erdelement widerspiegelt. Dies könnte einer Extremisierung und Übersättigung des konsumgerichteten Materialismus entsprechen.
- Im Wasserchakra scheint die Energie sich zu ändern und zu verstärken, was einer Umverteilung der sexuell-instinktiven Energieinvestitionen entspräche, zum Beispiel in der Strukturierung von Partnerschaft, Sexualmoral usw.
- Schließlich erfährt die emotionale Energie offenbar eine kollektive Änderung, was sich in den Feuerkatastrophen zeigt, welche anscheinend darauf hindeuten, daß die normalen emotionalen gesellschaftlichen Investitionen – Ehrgeiz, Konkurrenz, schwarz-weißmalende Politik – allgemein nicht länger als tragfähig und zweifelsfrei angesehen werden.

Alles in allem scheint das kollektive Unbewußte in diesen typischen Themen eine generelle Umstrukturierung der Energie abzubilden. Die Energie, die Libido, verläßt den materiell-stofflichen, den sexuell-projizierenden und den emotional-konkurrierenden Bereich. Und eben diese Bereiche sind zur Zeit konstitutiv für unsere Gesellschaft.

Ist dies richtig verstanden, so erscheint das Bewußtsein sich auf dem Weg in eine umfassende und kollektive Krise zu befinden, deren unmittelbarer Ausdruck wohl eine Art massenpsychotischer Zustand wäre (z. B. in der Form kollektiver Kriege, kollektiver innerer Kulturzusammenbrüche oder abnorm verstärkter Instabilität vieler einzelner Menschen).

Die tiefere Bedeutung dieser Krise wäre nun aber eine mögliche Änderung der kollektiven Einstellung auf höheres Bewußtsein hin. In diesem Fall würde die Menschheit in der Zeit bis zur

Jahrtausendwende eine Art bewußtseinsmäßigen Evolutionssprung erleben.
Die Beobachtung von Menschen, die sich in einem Entwicklungsprozeß befinden, zeigt jedenfalls eindeutig, daß die Triebkraft für den Prozeß der Individuation zu höherem Bewußtsein aus eben den drei unteren Chakren und ihrem Energieaustausch mit der Umwelt stammt. Entsprechend würden die kollektiven Katastrophenträume einen allgemeinen Rückzug von Energie aus den drei unteren Chakren andeuten – zum Zwecke der Energieverstärkung in den oberen Zentren; und eben das würde bedeuten, daß wesentlich mehr Menschen, als dies augenblicklich der Fall ist, in höheren Bewußtseinszuständen zentriert wären. Eine solche kollektive Änderung der Einstellung oder Verschiebung der Perspektive oder Wertung würde sich nachfolgend in einem geänderten Zustandsbild der Gesellschaft ausdrücken.
Werten wir diese Überlegungen – die auf zunehmend bekannten Tatsachen beruhen – aus der Perspektive höheren Bewußtseins, so spricht mehr für sie, als man vielleicht aus der Sicht des normalen Bewußtseins annehmen würde. Die Zeit und damit die Zukunft ist nämlich überaus relativ, wenn sie von verschiedenen Bewußtseinsebenen betrachtet wird.
Wir wollen uns zwei Menschen vorstellen, die einen Weg überblicken. Der eine steht am Fuß eines hohen Turmes, der andere auf dessen Spitze. Der letztere sieht einen Trupp Soldaten heranmarschieren, der sich für den Betrachter am Fuß des Turmes unterhalb des Horizonts befindet. Von der Spitze des Turmes aus wird etwas als Gegenwart gesehen, was vom Fuß des Turmes aus betrachtet Zukunft ist.
Dieses Bild ist in all seiner Einfachheit sinnbildlich für das Verhältnis zwischen normalem und höherem Bewußtsein. Im Osten wird es oft verwendet, um die zeitliche Relativität zwischen verschiedenen Bewußtseinsebenen zu zeigen: Der Mann am Fuß des Turmes wird erst nach einiger Zeit – also in der Zukunft – in der Lage sein, das zu sehen, was von der Spitze des Turmes aus betrachtet, schon in der Gegenwart sichtbar ist.
Betrachtet man die oben angedeuteten Perspektiven bezüglich

der kollektiven Entwicklung vom normalen Bewußtsein aus, so sieht man noch nichts als die stetig häufigeren Katastrophenträume. Diese lassen sich aber auf viele verschiedene Weisen deuten – zum Beispiel als Ausdruck der kollektiven Angst vor der für alle sichtbaren langandauernden großpolitischen Spannungssteigerung.
Eine Betrachtung derselben kollektiven Tatsachen aus der Perspektive höheren Bewußtseins zeigt aber schon jetzt recht deutlich die skizzierte Evolutionskrise mit dem aus ihr resultierenden Bewußtseinssprung zu einer weit stärker kollektiv verbreiteten Zentrierung in höheren Bewußtseinsformen.

4. Die Alchemie des Herzzentrums

Das schneeweiße Ei aus der Goldkugel, das die Potentiale der drei unteren Chakren enthält, wird ins vierte Zentrum gehoben, wo es in einem Kupferbehälter angebracht wird, um dort bei schwachem Feuer ausgebrütet zu werden. Als das Ei birst, wird ein Vogel sichtbar. Zunächst ist er wild und schwarz. Später wird er zahm und weiß. Und schließlich erhält er alle Farben des Regenbogens.
Im Erdchakra wurde die meditative Umhüllung dadurch angedeutet, daß die königlichen Toten und der Schatten in verschlossene Särge gelegt wurden. Im Wasserzentrum erschien ein Brunnen, dessen Wasser in ihn selbst zurückfloß. Im Feuerzentrum wurde das meditative Bewußtsein durch die goldene Kugel symbolisiert. Im Luftchakra tritt nun ein neues Grundsymbol des alchemistischen Gefäßes auf: der Kupferbehälter, an dessen Seite die Worte angebracht sind: Erde, Wasser, Feuer, Luft.
Kupfer ist ein Symbol für nicht länger an eine komplexe Form gebundene Energie. Es erscheint im Traum, wenn eine Blockierung oder ein Komplex so gründlich bearbeitet wurde, daß eine Verwandlung, eine Umformung eintreten kann. Darüber hinaus ist Kupfer ein Energieleiter.
Im vierten Chakra, das sich, wie wir gesehen haben, mit dem Selbst befaßt, hat die Entwicklung einen Punkt erreicht, wo es im

psychophysischen System keine entscheidenden Verhärtungen oder Fixierungen mehr gibt. Die Energie vermag jetzt einigermaßen frei im gesamten System zu zirkulieren. Dieser widerstandslose, flexible und formbare Zustand ermöglicht eine Fähigkeit zu genereller Energiesteuerung; und diese beiden Qualitäten: Freiheit von Komplexbehaftetsein und Fähigkeit zur Energiesteuerung, sind durch den Kupferbehälter symbolisiert.

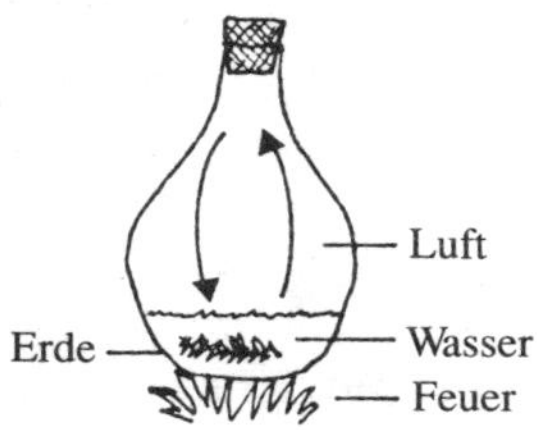

Der alchemistische Kolben koordiniert die Energieaspekte der vier unteren Chakren. Der feste Behälter – aus Kupfer oder Glas – symbolisiert den physischen, festen Energieaspekt; die normalerweise im hermetisch verschlossenen Kolben enthaltene Flüssigkeit entspricht dem Aspekt des Wassers. Das Feuer unter dem Behälter ist teils das emotionale Feuer, teils das der Aufmerksamkeit. Und die innere Zirkulation schließlich – *solve et coagula:* Verdampfung und Verdichtung – symbolisiert den Energieaspekt der Luft. Die hermetische Qualität der Anordnung symbolisiert das meditative Bewußtsein, das die Verwandlungsprozesse in sich einschließt.

Im Zentrum des Selbst gibt es keine getrennten Räume der Persönlichkeit mehr. Statt dessen findet sich eine höhere Durchgängigkeit; die Koordination des Selbst durchdringt die gesamte Persönlichkeit. Diese innere Offenheit für den Fluß wird durch den Prozeß der Zirkulation symbolisiert, der durch die Zusammenarbeit der verschiedenen Energieaspekte aller vier Elemente aufrechterhalten wird.

In der alchemistischen Tradition, wie auch in mehreren östlichen

Systemen, wurde diese natürliche Zirkulation des Selbst durch das Kreisen des Atems innerhalb des Körpers vorbereitet. Es gibt taoistische Bilder, die deutlich zeigen, daß der alchemistische Kolben für den menschlichen Körper steht, und Hals und hermetischer Abschluß entsprechen dem menschlichen Hals und Kopf.

Um ein klareres Verständnis der dem Herzchakra entsprechenden Meditation – und des darauf folgenden Transformationsprozesses – zu erlangen, wollen wir uns genauer mit dem Symbol des Vogels und dem Farbwechsel befassen, der mit diesem Chakra verknüpft ist.

Der Vogel wird mit der Luft verbunden gesehen, mit dem Fliegen, mit dem höheren mentalen Prozeß. Es geht um eine Überwindung der Schwerkraft, um Freiheit von der physisch-materiell gebundenen Bewußtseinsform.

Die »Farben« Schwarz und Weiß drücken die dualistische, zweiteilende Bewußtseinsform aus. Diese Zweiteilung hat einen emotional-moralischen wie auch einen mentalen Aspekt. Emotionen teilen die Welt stets in Gut und Böse ein, in Richtig und Falsch, in Sympathie und Antipathie – kurz: in Schwarz und Weiß.

Wird die emotionale Erlebnisform zu einer metaphysisch-religiösen Weltordnung hypostasiert oder verlängert, so wird die Welt in einen unversöhnlichen Gegensatz zwischen dem Schwarzen: der Bosheit, dem Teufel, auf der einen Seite, gegenüber dem Weißen: der Güte, dem Gott, auf der anderen Seite, gespalten. Eine solche Auffassung ist und bleibt dualistisch; sie ist primär emotional; mit anderen Worten: sie ist nicht wirklich transdualistisch oder spirituell. Spiritualität verhält sich zum Einheitsaspekt des Daseins.

Zweiteilung in Schwarz und Weiß ist nun aber nicht nur emotional; sie ist ebenso mental. Unser normales Bewußtsein funktioniert von seinem Wesen her aufteilend, analysierend. Logik, Rationalität, Denken teilen ein Phänomen auf, um es überhaupt erkennen zu können. Phänomene werden aufgeteilt, damit sichtbar wird, was in ihnen enthalten ist; die Einheit wird geteilt in oben und unten, in Subjekt und Objekt, gerade und gekrümmt, innen und außen. Diese Zweiteilung ist eben der mentale Prozeß in seinem erkennenden Aspekt.

Zweiteilung ist sozusagen notwendig auf allen tieferen Energieniveaus: mental teilt das Denken auf in A und Nicht A; astral teilen die Emotionen in Gut und Böse, Schwarz und Weiß; ätherisch teilt die Polarität auf in Männlich und Weiblich; physisch teilt die Welt in Dinge auf.

Der Prozeß, der sich im Herzchakra abspielt, ist vor allem eine Befreiung von der emotionalen und mentalen Scheidung in Schwarz und Weiß. Idealerweise können wir sagen, daß die physische Einteilung zu in sich geschlossenen Dingen im Harachakra überwunden wird. Hier beginnen die ätherischen Erlebnisse des Zusammenschmelzens meines Energiefeldes mit dem eines anderen. Geschlossene, physisch getrennte Dinge öffnen sich und gleiten auf der ätherischen Energieebene zu *einem* Energiefeld zusammen.

Die ätherische Polarität von Männlich und Weiblich wird im zweiten Chakra bearbeitet und ideell im höheren astralen Energieniveau überwunden. Die Erkenntnis, daß die Umkehrung einer Frau ein Mann, die eines Mannes eine Frau ist, ist der Beginn zu einer Perspektive, in der Mann und Frau in einem Gefühl von Menschlichkeit eins werden.

Im Herzchakra wird die mentale Dualität bearbeitet; aus diesem Grund muß emotionale Zweiteilung auf dieser Stufe durchschaut und bearbeitet sein. Viele Gedankenformen und Denkeinteilungen sind insgeheim emotional; etwas, das wie reines Denken und Intellektualität aussieht, ist im Grunde gefühlsbedingt. Dies ist vielen intellektuellen Argumentationen und Diskussionen unmittelbar anzumerken. Letztendlich ist es emotionale Energie, die hinter der mentalen Ausdrucksform liegt. Die Erlebnisform des Herzzentrums öffnet sich in der Praxis, wenn das emotionale Werten und Urteilen einen Augenblick einhält und das mentale Einteilen – Logik und Gedanken – gleichzeitig beiseitetritt.

Erlebt man die Welt oder einen anderen Menschen in einem Zustand ohne Emotionen, ohne Gedanken, so ist man in einer

Begegnung von überwältigender Intensität. Emotionen sind Forderungen. Man fordert, wünscht, begehrt aus den unteren Chakren heraus. Und das Denken rationalisiert die Psychologie der unteren Chakren. Halten die Forderungen der Emotionen und die Ich-Orientierung des mentalen Stromes ein, so öffnet sich folglich eine andere Erlebnisform. Dann entfaltet sich die von Schwarz/Weiß bestimmte emotional-mentale Welt im farbenprächtigen Fächer höherer, emphatischer Gefühle und Erlebnisse des Herzzentrums.

Liebe, als nach außen strömende, nicht fordernde, sondern schenkende Energie verstanden, gehört dem Herzzentrum an. Die zu diesem Chakra gehörende Meditationsform ist daher, spezifisch den mentalen Prozeß anhalten zu lernen, indem die emotionale Dualität als überwunden angenommen wird. Der gesamte Entwicklungsprozeß wird daher von der Energie der Gedanken im Herzzentrum stimuliert.

Der bei weitem überwiegende Teil des täglichen Denkens ist eine Art Übersprungshandlung, eine Art Notbeschäftigung, um nicht vom energetischen Druck des Systems gesprengt zu werden: Weil wir nicht in unseren Handlungen sind, weil wir sie nicht voll und ganz tun, denken wir so viel.

Meditation ist, spezifisch verstanden, Gegenwärtigkeit und Aufmerksamkeit ohne Gedanken. Diese meditative Bewußtseinsform enthält eine unbeschreibliche Klarheit und Intensität.

Der Pfau mit seinem regenbogenfarbenen Schweif symbolisiert den dem Herzzentrum entsprechenden Zustand. Die emotionale, schwarz-weiße Welt ist überwunden, sie hat sich in einer reichen Skala von Farbnuancen entfaltet. Die schwarz-weißen, logisch-rationalen Operationen werden angehalten, und in dieser Stille entfaltet der Pfau seinen Schweif.

Im Herzzentrum begegnet man der Ganzheit des Selbst.

Kontakt mit den Transformationsprozessen des Herzzentrums bildet sich in Träumen von alchemistischen Kolben, von mit dem Spiel der Regenbogenfarben verbundenen Schwarz und Weiß ab.

Der Ich-transzendierende Aspekt dieser Prozesse symbolisiert

sich in Träumen von Christus am Kreuz, Odin, der in einem Baum hängt, und ähnlichem.
Hat ein Mensch die gefühls- und erlebnismäßige Weite des Herzzentrums berührt, so wird bisweilen das Pfauensymbol direkt in der Aura sichtbar. Es kann nicht verwundern, daß sich die farbenprächtige halbkreisförmige Ausstrahlung eines solchen Herzzentrums in der Gestalt des Pfaus symbolisiert.
Diese aurischen Symbole entstehen auf dieser Stufe dadurch, daß Gedankenformen oder Archetypen die rein energetischen Nuancen und Bewegungen in der Aura ausprägen. Wir können sagen: Hat ein Mensch Kontakt mit dem kollektiven Unbewußten und seinen Archetypen, so wird eine Begegnung mit der Aura eines anderen Menschen automatisch die relevanten Archetypen auslösen und ihre Symbole in dem und um den betrachtenden Menschen herstellen. Echter Kontakt mit dem kollektiven Unbewußten bedeutet, daß seine Urbilder ein Resonanzboden werden, ein Empfindungsorgan, das automatisch von dem Teil des kollektiven Unbewußten in einem anderen Menschen angesprochen oder aktiviert wird, der in dem betreffenden Menschen angeschlagen wurde oder wirksam ist.
Aurischer Kontakt ist eine Begegnung, eine Korrelation, eine Art Zusammenarbeit. Der, welcher die Aura eines anderen liest, buchstabiert mit Archetypen des gemeinsamen kollektiven Unbewußten. Die Tatsache, daß ein Mensch reale Bewußtheit vom kollektiven Unbewußten hat, ermöglicht ein Bewußtwerden von Symbolen in der unbewußten Ausstrahlung eines anderen Menschen.
Man muß sich stets vor Augen halten, daß das kollektive Unbewußte gemeinsam ist. Bin ich mir über seine Gegenwart in mir selber im klaren, so bin ich auch imstande, das kollektive Unbewußte in einem anderen Menschen zu umfassen. Der Unterschied besteht nur darin, welche Archetypen aufgrund der individuellen Unterschiede im Ich vorherrschen oder beleuchtet werden.
Wird aber das Ich momentan durch Transzendieren des Emotionalen und Anhalten des Mentalen eliminiert, so wird man mo-

mentan transparent, wird man ein Kanal für das kollektive Unbewußte. Und da das eigene Ich momentan aufgehoben ist, leiten sich die Konstellationen, die sich im kollektiven Unbewußten abspielen, allein vom Ich und den Differenzen des anderen Menschen her ab.
Eine derartige meditative Begegnung mit einem anderen Menschen ergibt unmittelbare Bewußtheit darüber, welche Symbolisierungen und Urbilder den anderen in diesem Augenblick tragen. Die Modifikation im gemeinsamen kollektiven Unbewußten sind im anderen begründet und folglich spezifische Informationen zum unbewußten Hintergrund des Betreffenden.

5. Die Alchemie des Halschakras

Im Übergang zum fünften Chakra bewegen wir uns von Erlebnissen des Selbst zu Erlebnissen von seiner kosmischen Bedingtheit.
Jung hat beschrieben, wie der Individuationsprozeß von allein zur übergeordneten Ganzheit des Selbst tendiert. Wir können daher sagen, daß die natürliche Selbstentfaltung des Menschen auf der Entwicklungsstufe, auf der wir uns befinden, sich zu einer Zentrierung im Herzchakra bewegt.
Ohne Meditation erscheint es nicht möglich, diesen Prozeß in die höheren Chakren zu heben. Andererseits scheinen die oben beschriebenen Änderungsprozesse in den drei unteren Chakren darauf hinzudeuten, daß der allgemein menschliche Hintergrund eine Evolution des Bewußtseins zu den höheren Zentren vorbereitet, mit der Folge einer Potenzierung eben dieses Bewußtseins.
Diese kollektiven Änderungen erfordern ein verbreiteteres Verständnis von Meditation. Kann nämlich ein Mensch nicht kraft seiner Meditation die aus den drei unteren Zentren freigesetzte Energie auffangen und mit ihr umgehen, so wird seine Persönlichkeit so stark überbelastet, daß mit großer Wahrscheinlichkeit ein Zusammenbruch eintritt.
Um zusammenzufassen: es scheint, als ändere der Individuationstrieb, die tiefe kollektive Tendenz zu übergeordneter Zen-

trierung, seinen Zielpunkt. Bisher tendierte die Individuation spontan zu einer Ruhestellung im Herzchakra. Die kollektiven Prozesse der Freisetzung von Energie scheinen nun aber darauf hinzuarbeiten, daß die Individuation spontan zum Halschakra tendiert. Diese Änderung und Hebung des Zielpunktes der spontanen kollektiven Individuation bildet den unbewußten, natürlichen Hintergrund für einen bewußtseinsmäßigen Evolutionssprung.

Versuchen wir im folgenden die alchemistischen Transformationsprozesse des Halszentrums und später die des Augenbrauenzentrums zu charakterisieren, so sind wir aus praktischen Gründen gezwungen, diese Prozesse und Zustände als zusammenhängend, als mehr oder weniger permanent zu beschreiben. Wichtig ist aber, zu verstehen, daß diese Zustände im allgemeinen – wenn sie überhaupt im Erfahrungsbereich eines Menschen auftreten – nur als blitzartige Erscheinungen im Traum, als Höhepunkte unter der Meditation usw. vorkommen. Es ist eines, diese hohen Zustände ab und zu zu erleben; etwas ganz anderes aber, permanent in ihnen zentriert zu sein. Wie wir bereits sahen, besteht schon ein gewaltiger Unterschied zwischen einer Transparenz für das Selbst – wie zum Beispiel Jung sie hatte – und einer entscheidenden und permanenten Zentrierung in ihm.

Trotz dieser Schwierigkeiten und Vorbehalte erscheint es uns dennoch nützlich, den Versuch einer Charakterisierung der höheren Zustände von Transformation zu machen, wenn wir uns auch mitten in diesen Zuständen befinden und sie keineswegs hinter uns gelegt haben.

Der Vogel, der im vierten Chakra ausgebrütet wurde, wird im Halszentrum zu einer Art Bad gebracht, und hier wird er gereinigt und in einer milchigen Flüssigkeit gewärmt. Dadurch verliert er seine farbenprächtigen Federn; diese werden mit der Milch eingekocht und konzentrieren sich in einem blauen Stein. Mit diesem wird der Vogel blau gefärbt.

Das Halschakra hat mit der göttlichen Kreativität zu tun. Die durch die Milch symbolisierte Nahrung, die der Persönlichkeit im Vishuddha Chakra zugeführt wird, hat eine überaus göttliche

Qualität. Hier fühlt sich die Persönlichkeit nicht länger von Wärme und Akzeptanz durch andere, äußere Personen abhängig. Das Bild der Mutter, der tiefste Hintergrund des Bedürfnisses, von anderen geliebt, akzeptiert und gewärmt zu werden, findet sich hier auf entscheidend höherem Niveau. Dieses Urbild, dieses Bedürfnis, geliebt zu werden und von beschützender Wärme umfangen zu sein, enthält eine Reihe von Metamorphosen. Zunächst ist man in der Gebärmutter in ursprünglicher seliger Vereinigung mit der Mutter geborgen, enthalten, genährt und beschützt. Im Dunkel des Mutterleibes ist man eins mit der Natur. Später erlebt man die getrennte Mutter, die einen mit ihrer Milch und ihrer Liebe umgibt, versorgt und bewahrt. Darauf gleitet die Mutterfunktion auf andere über, auf den Ehepartner, die Gesellschaft, die Familie, Gemeinde, Sekte, politische Partei, Kirche und dergleichen mehr.
Entscheidend ist, folgendes zu verstehen: Das Mutterbild wird ebensolange projiziert, wie man bewußt oder unbewußt danach strebt, Akzeptanz, Wärme, Schutz von außen, von anderen zu erfahren. Die Mutter ist im Äußerlichen, wenn ich erwarte, daß die Umgebungen mein Bedürfnis nach Annahme und Umfassung in einem schutzbietenden Zusammenhang befriedigen.
Die dem Halschakra verbundene Metamorphose des Mutterbildes hängt damit zusammen, ob die Persönlichkeit ein für allemal versteht, daß die Mutterliebe letztlich der Reflex eines kosmischen Umgebenseins ist, eines Enthaltenseins im Göttlichen. Es ist das Gefühl, daß die Ganzheit, der Kosmos, das Selbst trägt, wie die Gebärmutter die Leibesfrucht trug. Die Jungfrau Maria und die Göttin Kali sind mit der Symbolkategorie des Halschakras verbundene Archetypen.
Einen anderen Aspekt dieser endgültigen Auflösung und Metamorphose der Mutterbindung oder des Phänomens der Mutter symbolisiert die Farbe Blau. Das Blau des Himmels und das des Meeres ist eine Vereinigung oder ein gegenseitiges Durchgleiten von Materie und Geist, Erde und Himmel, Stoff und Bewußtsein. In der Bläue des Horizontes treffen sich Erde und Himmel. Das Gefühl des kosmischen Enthaltenseins und die Farbe Blau ver-

binden sich in dem berühmten Vers aus der Schlußszene von Goethes *Faust:*

Höchste Herrscherin der Welt!
Lasse mich im blauen,
ausgespannten Himmelszelt
dein Geheimnis schauen.

Die Farbe Blau ist eines der Grundsymbole für Heilung. Eigentümlicherweise zeigt die Beobachtung von Menschen in tiefer Meditation oft, daß sich das höhere Selbst als beschützende und heilende Gestalt in der Aura hinter der Person symbolisiert. Manches deutet darauf hin, daß diese Symbolisierung letztlich den Kontakt des Meditierenden mit dem Halschakra und seinem selbstheilenden Potential abbildet.

Gruppenarbeit mit direkt den höheren Potentialen des Halschakras verbundenen Übungen ermöglichen bisweilen das Erfassen verschiedener Klänge oder anderer musikalischer Phänomene um einen solchen Menschen durch das Bewußtsein. Dies ist die klangbezogene Interpretation der aurischen Vibration, die durch die Betonung des Halschakras naheliegt.

Zustände erweiterten Bewußtseins, die mit dem Halschakra assoziiert sind, enthalten das Gefühl eines Eingebundenseins in kosmischen Zusammenhang. Dies gibt ein Gefühl von Sicherheit oder Geborgenheit, die sich nicht zum Ich, sondern zum Selbst verhält. Es ist das Selbst, das in der kosmischen Ordnung gelagert ist. Das Ich ist im Selbst gelagert. Solange das Ich besteht, ist das Selbst der weitere Horizont; erst wenn das Ich beiseite tritt und das Selbst besteht, ist dies der Kosmos.

Das Altertum hat die Vorstellung des klingenden Kosmos überliefert. Die Pythagoräer nannten diesen Klang die Musik der Sphären. Der Zusammenhang zwischen der kosmischen Perspektive und dem Klang konstituiert einen wesentlichen Aspekt des Bewußtseinspotentials im Halschakra.

6. *Die Alchemie des Augenbrauenzentrums*

Bevor wir zu beschreiben versuchen, was im sechsten Chakra mit der Verwandlungssubstanz geschieht, müssen wir die sechs mit diesem Chakra assoziierten Grundsymbole oder Archetypen verstehen. In dem alchemischen Text werden sie wie folgt dargestellt: Zunächst finden wir ein schwarzes Buch mit goldfarbener Schrift und eine brennende Kerze. Was durch dieses Symbolpaar beschrieben wird, ist der Gegensatz zwischen Hell und Dunkel. Wie wir bereits sahen, ist das sechste Chakra der Ort, wo die entscheidenden Erlebnisse von Einheit beginnen. Diese kann auf zwei einander entgegengesetzte Weisen erlebt oder erreicht werden. Man kann in die ursprüngliche Einheit zurücksinken, in das Dunkel der Gebärmutter, den Zustand unbewußt natürlicher Einheit. Oder man kann den Dualismus transzendieren, der das gewöhnliche Bewußtsein konstituiert.

Die ursprüngliche Ur-Einheit wird dadurch erreicht, daß das Bewußtsein sich selbst aufgibt und in den unbewußten Anfang zurücksinkt. Der Drang nach Alkohol oder Morphin mag als Beispiel dafür stehen, wie das Bewußtsein im Extrem in den Schlafrausch, das Urdunkel zurückstreben kann.

Eine angestrebte Einheit wird dadurch erreicht, daß das Bewußtsein potenziert wird und seine eigene dualistische Funktionsweise transzendiert. Das Streben nach Geist, nach Meditation, nach Einheit mit dem Göttlichen, dies sind Arten für die Persönlichkeit, sich aufwärts zu höherer Einheit zu strecken.

Schwarz hat zwei vollkommen verschiedene Symbolaspekte. In Verbindung mit dem Herzchakra beschrieben wir bereits den klassischen Gegensatz zwischen Schwarz und Weiß; in diesem Fall ist Schwarz ein Symbol für den Schatten, das als minderwertig Erlebte, Rudimentäre und Infantile in der Persönlichkeit; dieser schwarze Bereich wird moralisch disqualifiziert als das Böse, das Negative.

Das schwarze Symbol des Ajna Chakra hat nun aber eine andere Bedeutung. Wie bereits angedeutet, ist es hier das Urdunkel, der ursprünglich nicht spezifizierte, ungeteilte Zustand, der vor dem

Bewußtsein herrschte. Religiös-metaphysisch wird dieser Zustand zum Beispiel im Schöpfungsbericht so beschrieben: »Die Erde war wüst und leer, Finsternis lag über der Urflut ... Da sprach Gott: Es werde Licht! Und es ward Licht.« Diese Finsternis oder Schwärze ist prädualistisch. Die Essener stellten sich die Gottheit als die Urschwärze vor, den kosmischen Mutterschoß. Bisweilen treten diese Symbolisierungen im Traum auf. Bhagwan Shree Rajneesh hat von einem Traum von einem »schwarzen Licht im Mutterleib« berichtet. Oder es fand jemand eine schwarze Perlmuttmuschel, die vor allen Farben existierte, in sich aber violettes Licht enthielt.

Der Gegensatz zwischen Urdunkel und Licht ist nur eines der Gegensatzpaare, welche durch das erworbene meditative Erlebnis von Einheit im Ajna Chakra transzendiert werden. Das schwarze Buch mit goldener Schrift ist außerdem selbst ein Symbol für Weisheit, diejenige nämlich, die im Unbewußten als solchem enthalten ist als Polarität zum Goldenen, dem Symbol für höheres Bewußtsein. Im Spannungsfeld zwischen dem Unbewußten und dem höheren Bewußten liegt die natürliche – oder, religiös gesprochen, die göttliche – Weisheit.

Die taoistische Meditation kennt eine Atemübung, die sich mit eben diesem Grundgegensatz und seiner Überwindung befaßt. Während des Einatmens stellt man sich vor, daß goldenes Licht durch den Körper bis hinab in die Füße und Zehen strömt. Beim Ausatmen hebt die Vorstellung das mütterlich erdhafte Urdunkel durch den gesamten Körper bis zum Scheitel. Diese Übung ist sehr wirkungsvoll, und ihre primäre Funktion ist die Verbindung von Schwarz mit Gold, um dieses Gegensatzpaar im Augenbrauenzentrum zu transzendieren.

Das nächste Symbol des sechsten Chakras ist die kreisende Himmelssphäre und die Uhr. Dies ist der Gegensatz zwischen Zeit und Ewigkeit, dem Kosmischen. Wir sahen, daß das Halschakra der Fokus für das Erlebnis des in kosmische Perspektive gesetzten Selbst ist. Im sechsten Chakra wird eine Transzendenz des Gegensatzes zwischen Zeit und kosmischer Ewigkeit erstrebt.

Das letzte Paar von Symbolen ist der Gegensatz zwischen Leben und Tod. Das Leben wird durch einen Kristallbrunnen dargestellt, in dem Blut strömt. Der Tod erscheint als ein Schädel, durch dessen Augenhöhlen sich eine Schlange windet, die sich in den eigenen Schwanz beißt. Die kreisende Schlange gleitet, mit anderen Worten, durch die Augenhöhlen in den Schädel und aus ihm heraus.

Das letzte Symbol charakterisiert einige der Energieprozesse, die tatsächlich in den Augen und um sie herum stattfinden. Bekanntlich läuft ein sehr großer Anteil unserer bewußtseinskonstituierenden Energie durch das visuelle System ab. Weitaus das meiste in Sprache und Gedanken entsteht in der Form von Bildern und Abstraktionen visueller Eindrücke. Unser Gesichtsfeld, unsere Weltsicht, unsere Betrachtungsweise anderer Menschen und unserer selber, all dies ist entscheidend mit unserer Art des Sehens verbunden. Durch die Augen projizieren wir uns in die Welt, und vieles von dem, was wir sehen, ist daher eine Spiegelung unserer selbst.

Klarsicht beruht darauf, daß die visuelle Energie von Projektionen gereinigt ist. Klarsicht bedeutet, genau zu sehen, was ist, im Gegensatz zu normaler Sicht, die sieht, was sie sehen will; oder sie sieht den Splitter im Auge des Bruders, nicht aber den Balken im eigenen Auge. Die normale Sicht wird von sexuellen, emotionalen und mentalen Projektionen verschleiert.

Im sechsten Chakra mit der Klärung der Sicht zu beginnen ist erst dann möglich, wenn größere Bewußtheit über die im Augenbrauenbereich stattfindenden Energieumsetzungen eintritt.

Der Gegensatz zwischen Leben und Tod ist der dritte Gegensatz, dessen Transzendenz in den im Ajna Chakra symbolisierten Bewußtseinszuständen angestrebt wird. Wir erinnern uns, daß die Verwandlungssubstanz im fünften Chakra durch den blauen Vogel symbolisiert wurde. Was zunächst im sechsten Chakra geschieht, ist, daß der blaue Vogel vom roten Lebenswasser des Kristallbrunnens trinkt.

Der wesentliche Punkt dieser Metapher ist folgender: Soll das Energieprodukt im Augenbrauenzentrum wirksam werden, so muß es mit den unteren physischen Zentren verbunden sein; die rote Farbe gehört zum Wurzelchakra, Flüssigkeit und Brunnen gehören dem zweiten Chakra an. Das Ajna Chakra ist der Bezugspunkt des menschlichen psychophysischen Systems, in dem sich das höhere Selbst oder die Essenz am deutlichsten reflektiert. Soll sich diese durch den physischen Aspekt des Menschen ausdrücken, mit anderen Worten, im konkreten Alltag, so muß das Ajna Chakra mit tiefer verwurzelten Bezugspunkten im Körper verbunden werden.

Bob Moore hat eine Reihe von Anbahnungsübungen entwickelt, die eben diesen Aspekt berücksichtigen; diese Übungen verbinden über die Atmung das Augenbrauenzentrum unter anderem mit Hara und Wurzelchakra.

Häufig sehen wir Menschen, die durch die Praxis irgendeines Meditationssystems tatsächlich Kontakt mit höheren Zuständen aufgenommen haben, ohne daß diese Visionen oder Gesichte für den Alltag der Betreffenden irgendwie fruchtbar geworden wären. Eine Art unglücklicher Spaltung zwischen einem oft grauen und tristen Alltag und wenigen, seltenen Augenblicken höheren Kontaktes ist eingetreten. Soweit wir sehen, ist dies nicht nur nicht erstrebenswert, sondern es erweist sich obendrein oft als schädlich. Es fehlt an Zusammenhang und Selbsteinsicht. Dies ist ein Zustand von Ungleichgewicht.

Darum ist die Frage entscheidend, ob die Phantasie und die blauen Vögel der Visionen einen lebensnahen Kontakt mit den unteren Chakren eines Menschen haben. Die Intuitionen, die die Persönlichkeit aus ihrer Essenz empfängt, müssen, sollen sie realen Wert haben, in der existentiellen Wirklichkeit ausgedrückt werden.

Das höhere Bewußtsein muß im Alltag verwurzelt werden, so daß die reale Lebensqualität ansteigt. Die Erlebnisse höherer Zustände dürfen kein isolierter Flitter während eines Kurses oder in lebensferner Praxis sein. Sie verbreiten sich – falls sie real sind – durch den konkretesten und an sich banalen Alltag, indem sie ihn durchdringen, ändern und langsam heben. So drückt denn auch der blaue Vogel, der vom Blut trinkt, symbolisch aus, daß

die hohen intuitiven Prozesse im Ajna Chakra in lebensnaher Berührung mit dem physischen, realen Menschen sind.
Das nächste Bild für die Transformationsprozesse des sechsten Chakras ist, daß der blaue Vogel den Schnabel in die weiße Schlange schlägt. Dies wird am ehesten verständlich, wenn wir den energetischen Zusammenhang betrachten, den dieses Symbol abbilden soll.
Die Persönlichkeit hat darauf hingearbeitet, Energie aus den drei unteren Chakren dadurch freizugeben, daß sie ihr Engagement in Gegenstände, sexuelle Begierde, emotionales Urteilen und Werten auf ein angemessenes Niveau setzte oder es dämpfte. Diese freigesetzte Energie steigt von selbst aufwärts – da sie ja eben frei ist von einem gewissen Maß an physischer materieller Gebundenheit und Identifikation. Sie bewegt sich weiter durch das Herz- und das Halschakra, wo sie verstärkt und verwandelt wird. Erreicht dieser energetische – und symbolische – Auftrieb das Augenbrauenzentrum, so wird er den Kreislauf der visuellen Energie durch die Augenhöhlen – den weißen Ouroboros – stören.
In der Praxis wird ein Mensch auf dieser Entwicklungsstufe oft konkret Sehstörungen erleben. Hierfür gibt es prägnante Beispiele aus der Mythologie und aus Autobiographien. Odin opferte sein Auge an Mimirs Brunnen, um die Klarsicht der Weisheit zu erlangen. Elisabeth Haich mußte eine Periode der Blindheit erleben, bevor ihr höherer Gesichtssinn entwickelt wurde. In kleinerem Maßstab sehen wir oft alle möglichen erträglichen Sehstörungen in Verbindung mit der Entwicklung des sechsten Chakras. Eine eher symbolische Form dieser Störung zeigt sich, wenn die Visionen und Gesichte des höheren Bewußtseins plötzlich das normale Sehen überlagern und einen recht bemerkenswerten Zustand erschaffen, in dem man zwei Welten gleichzeitig sehen kann, oder zwei anfänglich radikal verschiedene Wirklichkeitsaspekte.
Das nächste transformative Symbol ist, daß die Schlange vom roten Lebenssaft trinkt und sich anschließend im Innern des Schädels verbirgt. Bekanntlich wird das Ajna Chakra das Dritte

Auge genannt. Christus sagt in einer der apokryphen Schriften, daß der Mensch, wenn seine beiden Augen wie eines sehen, von Licht erfüllt wird. Normalerweise durch die Augen kreisende Energie wird im Ajna Chakra mit dem höheren Bewußtsein koordiniert, und dieses durchdringt den konkreten Gesichtssinn; hierdurch öffnet sich dieser für aurische und symbolische Phänomene.

Auch hier hat Bob Moore eine Reihe überaus präziser Anbahnungsübungen beschrieben, die auf dieser Stufe die Energietransformationen unterstützen und regulieren können. Der physische Bezugspunkt des Augenbrauenzentrums ist letztlich die Zirbeldrüse in der Mitte des Gehirns. Stellt man sich vor, daß die Energie mit dem Einatem von den Augen aus rückwärts zu einem Punkt in dieser Drüse fließt und mit dem Ausatem nach außen zu den Augäpfeln, so verhilft man dem Transformationsprozeß zu einem möglichst ausgeglichenen Verlauf. Diese Übung symbolisiert oder illustriert den Prozeß, der allegorisch im Bild der sich ins Innere des Schädels zurückziehenden Schlange dargestellt wird.

Die letzte Transformation dieses Chakras ist das Köpfen und die Verbrennung des blauen Vogels. Seine Asche ist die ins siebente Chakra gehobene Verwandlungssubstanz. Der hier geschilderte Prozeß hat einen tiefen Sinn und ist zugleich äußerst simpel.

Entwicklung besteht gewissermaßen darin, daß die innere Welt in Balance und Gleichgewicht mit der äußeren Wirklichkeit gebracht und energetisiert wird. Die Übereinkunft über das Wesen der Wirklichkeit wird langsam verändert, bis die Persönlichkeit die innere Welt als ebenso real, ebenso wirklich wie die äußere erlebt. Dieses Gleichgewicht wird dadurch verdeutlicht, daß das Halschakra einen Zustand repräsentiert, in dem Materie und Geist, Innen- und Außenwelt im Gleichgewicht sind.

Wird der Entwicklungsprozeß fortgesetzt, so erfolgt eine Verschiebung dieses Gleichgewichts. Die Innenwelt wird wirklicher als die Außenwelt. Dies ist aber letztlich nichts als neues Ungleichgewicht, genau der materiellen Einseitigkeit entgegengesetzt, in der die Außenwelt über die Innenwelt dominiert. Es geht

jedoch um eine Transzendenz des Gegensatzes zwischen Außen und Innen.
Diese Aufgabe läßt sich nun aber nur durch eine Fortsetzung des Entwicklungsprozesses lösen, das heißt dadurch, daß weiterhin Energie von der Außen- in die Innenwelt überführt wird. Dieses Paradox wird gelöst, indem der blaue Vogel getötet wird. Die große Menge an Energie, die in den genannten Prozeß investiert wurde, hat diesem eine Realität verliehen, welche die der äußeren Wirklichkeit übertrifft. Der blaue Vogel ist ein symbolischer Ausdruck für das gesamte gewaltige Engagement in der Entwicklung. Er ist das Leben in diesem Prozeß und die Identifikation mit ihm. Um den Gegensätzen zu entkommen, wird der Vogel getötet.
Als Ramakrishna sich auf dieser Stufe befand, hatte er jahrelang über Kali meditiert, das Urbild des Mutterarchetypus. Dieses Bild war so wirklich geworden, daß er es unaufhörlich zu empfinden vermochte; so real, daß er Kali mit seinem Bewußtsein umfassen konnte. Die Entwicklung hatte sie realer gemacht als die äußere Welt – ekstatisch wirklich. Ramakrishnas Meister sah das und sagte: wolle er weiterkommen, so müsse er Kali töten. Er sollte über ein Schwert meditieren, bis es so wirklich sei, daß er mit seiner Hilfe Kali töten könne. Das aber war Ramakrishna nicht möglich; schloß er in der Meditation seine Augen, so geriet er in Ekstase über Kalis Nähe. Darauf nahm sein Meister eine Glasscherbe und fügte Ramakrishna einen Schnitt im Bereich des Ajna Chakra zu. Dieser Schock vermittelte den Durchbruch, und Ramakrishna tötete die Göttin. Dadurch erreichte er die entscheidende Zentrierung im Ajna Chakra.
Obwohl wir uns nicht auf diesem Niveau befinden, mag es wohl gerechtfertigt erscheinen, den Versuch des Verständnisses von Vorgang und Bedeutung der Entwicklung in diesen Bereichen zu wagen. Es verhält sich nämlich folgendermaßen: Beginnt die Persönlichkeit, blitzartige Kontakte mit Bewußtseinszuständen der höheren Chakren zu erleben, so ist es sogleich äußerst wichtig, zu verstehen, was geschieht. Die solche Kontakte begleitende Energie-Intensität kann nämlich leicht Chaos, Inflation

und Ungleichgewicht erzeugen, wenn das normale rationale Bewußtsein nicht zum mindesten ein gewisses Verständnis für den Vorgang bewahrt.
Eben die Tatsache einer kollektiven Bereitschaft in Richtung höheren Bewußtseins rechtfertigt Beschreibungen der hier versuchten Art. Auch wir benötigen solche Erklärungen und Modelle, um die Andeutungen, die wir erfahren haben, ins Lot zu bringen. Wir haben viele Beispiele von Menschen gesehen, die mangels eines Verständnisses des von ihnen Erlebten aus der Spur gerieten und in egoistischer Aufgeblasenheit, religiösem Erlöstheitswahn oder psychischem Chaos endeten. Da solche Prozesse und Andeutungen höheren Bewußtseins deutlich häufiger werden, erscheint der Versuch angebracht, die die Entwicklung auf dieser Stufe begleitenden Begebenheiten und Symbole klarzulegen und zu charakterisieren.
Der Prozeß begann im Wurzelchakra mit den Leichen des Königspaares und des Schattens. Dieser Tod wurde im Verlauf des Aufstiegs durch das zweite, dritte und vierte Chakra wieder in Leben verwandelt, zunächst in das Ei, dann in den Vogel. Mit anderen Worten, es handelt sich um Tod und Wiedergeburt. Der Vogel, der im vierten Chakra ausgebrütet wurde und im fünften die Farbe Blau erhielt, stirbt nun im sechsten. Die endgültige Wiedergeburt findet schließlich im siebenten Chakra statt. Der gesamte Verwandlungsprozeß durchläuft also zwei Sequenzen von Tod und Wiedergeburt.
Wie wir sahen, wurde das Symbol der im Wurzelchakra befindlichen Leichen von konkreten Gefühlen begleitet, daß etwas im eigenen Leben ins Stocken geraten sei, daß viele der gewöhnlichen Aktivitäten von Leben verlassen seien. Die Leichen entsprachen blockierten Energien, Neurosen, Monotonie, Erstarrung und dergleichen mehr.
Auch der im sechsten Chakra erfolgende Tod hat eine konkretere Wirkung. Es ist normal, daß die Verwandlungsprozesse im sechsten Chakra die Persönlichkeit tatsächlich mit Erlebnissen von Todesnähe in Berührung bringen. Dies kann durch

Krankheit geschehen, durch Unglücke, Erleben der (Grofschen) Todesmatrizen der Geburt, oder innerhalb der Meditation.
Die Funktion solcher Erlebnisse ist eine weitere Öffnung des Ajna Chakra. Ist die Persönlichkeit in enger Nähe zum Tode, so zeigen sich bestimmte entscheidende Äußerungen in der Aura. Im allgemeinen ist die Persönlichkeit oder das Bewußtsein innerhalb des physischen Körpers zentriert oder eins mit diesem. In der Nähe des Todes erweitert sich das Ich-Bewußtsein durch die Aura nach außen. Der Geburtsprozeß ist Teil einer Inkarnation. Die Essenz vertieft sich hier in die materielle Welt. Der Tod ist ein Prozeß der Disinkarnation; in ihm zieht die Essenz sich wieder aus dem Psychischen zurück. Die Nähe des Todes zwingt daher die Energie – und folglich das Bewußtsein – zu einer Reise aus dem physischen Körper in die Aura hinein, in Richtung der mental-spirituellen Aura und der transdualistischen Essenz.
Die im allgemeinen in Todesnähe erfahrenen Bilder des eigenen Lebens sind ein Ausdruck der Reise durch die Aura. In den alten Initiationsmysterien wurden Schock und Todesnähe verwendet, um diesen Kontakt zwischen physisch gebundenem Bewußtsein und höherer Aura herzustellen.
Der symbolische Tod des sechsten Chakras drückt den Sachverhalt aus, daß die Bewegung des Bewußtseins von physischer Indentifikation weg zu Kontakt mit der äußeren, höheren Aura recht genau der beim faktischen Tod des Individuums eintretenden Bewegung entspricht. Der Unterschied ist, daß die Persönlichkeit im symbolischen Tod – oder in der Initiation – wieder in den Körper zurückkehrt. Diese Todeserfahrung ist der konkretere Inhalt der Todessymbole, die das sechste Chakra enthält: denen des Schädels sowie des Todes und der Verbrennung des Vogels.
Jemand träumte von einer von Blut überströmten Treppe. An ihrem oberen Ende saß ein Schädel, dessen Augenhöhlen Spiegel waren; darin spiegelte sich eine fremde Dimension. Ein solcher Traum gehört den Transformationsprozessen des sechsten Chakras an. Nach diesem Traum erlitt der Betreffende eine Blutinfektion, die zu einer Meningitis führte, an der er beinahe gestor-

ben wäre. Die Funktion des Erlebnisses der Todesnähe war, den Kontakt des Bewußtseins zur äußeren Aura herzustellen. Die Krankheit hatte letztlich die Wirkung einer Mysterien-Initiation. Spätere Träume und Erfahrungen bestätigen dies.

Es versteht sich, daß es nicht notwendig ist, diese Symbolik durch physische Krankheit zu erleben. Eine solche Erfahrung kann, wie erwähnt, durch Wiedererleben des Geburtstraumas erfolgen, oder sie kann rein meditativ eintreten. Das Erlebnis von Todesangst läßt sich jedoch kaum vermeiden. Es geht darum, dieser Angst konkret zu begegnen, sich mit der Tatsache zu konfrontieren, daß man sterben muß, und dies hinzunehmen. Das kann nicht durch intellektuelles Verstehen erfolgen. Die Persönlichkeit in ihrer Ganzheit muß sich der Begegnung stellen: mit Emotionen, Gedanken, Gefühlen, Körperlichkeit.

Das Ajna Chakra ist, soweit wir sehen, der Punkt, in dem der Entwicklungsgrad eines Menschen am leichtesten zu beobachten ist. Klarheit und Licht im Augenbrauenzentrum zeigen unmittelbar, welche Entwicklungsmöglichkeiten sich in der Persönlichkeit finden. Je mehr Licht, desto konkreter ist die Möglichkeit höheren Bewußtseins; je mehr Klarheit, desto näher die Möglichkeit der Klarsicht. Der Zustand des Augenbrauenzentrums scheint also unmittelbar nicht etwas über die Essenz auszusagen, sondern vor allem darüber, wie sehr oder wie wenig die Essenz die physische Persönlichkeit durchdrungen hat.

Die im Ajna Chakra erfolgenden Symbolisierungen – also die Formen, in denen Licht und Klarheit sich ausdrücken – deuten an, welche besonderen Umstände Geltung für den individuellen Entwicklungsweg des Einzelnen haben. Daher läßt sich vor allem aufgrund der Symbolisierungen dieses Chakras entscheiden, welche speziellen Techniken und Meditationsformen ein Mensch anwenden sollte, um seine Persönlichkeit optimal auszugleichen und in Richtung auf potenziertes Bewußtsein zu entwickeln.

7. Die Alchemie des Kronenchakras

Wie bereits erwähnt, hat dieses Chakra Bedeutung für endgültige Erleuchtung. Aus guten Gründen wollen wir die hier relevanten Prozesse nur andeuten.
Der alchemistische Text berichtet, daß die Asche aus dem sechsten Chakra nun angefeuchtet und zu zwei kleinen Menschen geformt wird. Durch meditative Wärme entsteht eine Metamorphose: Die Figuren werden kristallin, durchscheinend. Später werden sie lebendig und erhalten kristalline Kleider; und nun ist deutlich, daß König und Königin eine Wiedergeburt erfahren haben. Hierauf wird die endliche alchemistische Hochzeit gehalten. Wie in den Texten des Ostens geht es, mit anderen Worten, um die Vereinigung von Shiva und Shakti, die Vereinigung des passiven und des aktiven Aspektes der göttlichen Einheit.
Das Ergebnis der Illumination ist, daß die Persönlichkeit in die Zustandsform des Diamantkörpers verwandelt wird, den absoluten, kontinuierlichen Zustand der Erleuchtung. Eine solche, für uns hypothetische Wesenart finden wir in Persönlichkeiten der Art Christis oder Buddhas, oder in erleuchteten Meistern.

Literatur zum Chakrasystem

Die Grundschriften sind und bleiben: aus dem Osten Sir John Woodroffes, unter dem Pseudonym Arthur Avalon herausgegebenes Werk *Die Schlangenkraft* und aus dem Westen Valentin Andreaes, unter dem Pseudonym Christiani Rosenkreutz erschienene *Chymische Hochzeit*. Die taoistischen Chakrasymbole finden sich in Lu K'uan Yüs ausgezeichnetem Buch *Taoist Yoga*.
Jung hat, wie erwähnt, einen überaus interessanten psychologischen Kommentar zu den östlichen Chakrasymbolen geschrieben, der – samt Hauers Kommentar – im Tantraseminar von 1932 zu finden ist. Swami Rama und Rudolph Ballantine haben unter dem Titel *Yoga and Psychotherapy* einen neueren psychologisch-yogischen Kommentar verfaßt.
In Bhagwan Shree Rajneeshs Schriften finden sich zahlreiche

wertvolle Hinweise zu den Chakrafunktionen; der Vorteil dieser Andeutungen ist, daß sie von jemandem stammen, der in bezug auf höhere und höchste Bewußtseinszustände absolut kompetent ist.
Die hier genannten Werke behandeln vor allem den psychologisch-entwicklungsmäßigen Aspekt der Chakren.
Was ihren ausgleichenden Aspekt betrifft, so gibt es bislang wenig empfehlenswerte Literatur. Doch seien hier Leadbeaters klassisches *Die Chakras* und Tansleys *The subtile Anatomy of Man* sowie sein inzwischen deutsch vorliegender, reich illustrierter Band *Energiekörper* genannt.
Die mit diesen Werken verfügbaren Informationen lassen sich jedoch keineswegs mit der gewaltigen Menge von Wissen vergleichen, die in Bob Moores Lehre enthalten ist; diese ist aber nicht in Buchform zu finden.
Abschließend wollen wir mit aller Deutlichkeit feststellen, daß das primäre Wissen um Symbole und Funktionen der Chakren durch eigene Übung und Meditation erworben wird. Niemand sollte anderen aus rein intellektuellem Wissen Unterricht über diese Dinge erteilen.
Es ist hoffentlich klar geworden, daß das Chakrasystem nicht nur außerordentlich präzise und anwendbar ist; es enthält auch so gewaltige Potentiale, daß nur diejenigen, die die Chakrafunktion aus eigener Erfahrung kennen, kompetent sein können, anderen davon zu erzählen. Springt man unbedarft in dieses Gebiet hinein, so kann man in sich selbst wie auch in anderen großen Schaden anrichten.

DRITTER TEIL

Traum und Bewußtsein

Kapitel 3: Das kollektive Unbewußte, Ich-Bewußtsein und höheres Bewußtsein

Um den Zusammenhang zwischen Meditation und Traum zu verstehen, ist es nötig, das Verhältnis zwischen den drei in der Überschrift genannten Aspekten des Bewußtseins zu erfassen.

Der Bewußtseinszustand des kollektiven Unbewußten ist Schlaf. Berührt das Unbewußte das Ich-Bewußtsein, so entstehen Träume. Soweit jemand Zustände höheren Bewußtseins nicht erarbeitet oder erfahren hat, befindet sich diese Dimension in ihrer Gesamtheit in einem latenten Zustand. Vom Ich aus gesehen ist höheres Bewußtsein im wesentlichen Schlaf. Und so gleiten das kollektive Unbewußte und das mögliche höhere Bewußtsein ineinander über.

Was Jung das Selbst nannte, ist die Fähigkeit, höheres Bewußtsein zu erlangen. Von daher läßt sich sagen, daß das Selbst die übergeordnete Form der Persönlichkeit ist. Es manifestiert sich zunächst in Träumen, darauf in Intuitionen und zuletzt in klaren meditativen Erfahrungen.

Das Ich ist im allgemeinen ein in seinem Verhältnis zum Unbewußten relativ geschlossenes System; in hohem Maße seiner dunklen Seite, seiner Schatten, Emotionen, seiner Gegengeschlechtlichkeit, seines Selbst unbewußt. Die erste Phase des Individuationsprozesses öffnet das Ich für diese Sachverhalte. Es wird zugänglicher; das kollektive Unbewußte bildet sich klarer in ein solches offenes, selbsterkennendes Ich ab. Allmählich erfolgt eine Akzentverschiebung vom Ich zum Selbst, in dem Sinne, daß das Ich sich nicht mehr selber als Zentrum versteht, sondern ein höheres, übergeordnetes Zentrum erlebt: das Selbst.

Entscheidend wichtig ist aber, stets daran festzuhalten, daß ein solches offenes Ich, das sich zum Selbst verhält, nicht mit qualitativ erweitertem oder höherem Bewußtsein identisch ist. Erst durch meditative Übung wird eine Bewußtseinspotenzierung ermöglicht. Ist das Bewußtsein erst qualitativ erweitert, so wird es Teile dessen umfassen, was bisher im kollektiven Unbewußten lag.

Die folgenden Grafiken mögen dies veranschaulichen: Der kleine Kreis stellt das Ich dar, der große die Ganzheit der Persönlichkeit.

Geschlossenes Ich   Offenes Ich   Erweitertes Bewußtsein

Die Bedingung für die endgültige Einbeziehung unbewußter Bereiche und Inhalte in den Bereich des Bewußtseins ist eine Änderung der Zustandsform dieser Verhältnisse. Die Zustandsform des Unbewußten ist Schlaf. Bewußtsein ist Wachsein. Der Übergang vom unbewußten Schlaf zum wachen Bewußtsein ist der Traum. Er ist die Zustandsform, in der sich Bereiche und Inhalte auf dem Weg vom Unbewußtsein zum Bewußtsein befinden. Meditation ist der Prozeß, der unbewußte Schlafzustände durch den Traumzustand hindurch endgültig in waches Bewußtsein überführt.

Die gewöhnlichen nächtlichen Träume entstehen dadurch, daß das Selbst kompensierende und ergänzende unbewußte Inhalte an die Grenze der Dimension des Ich-Bewußtseins bringt. Natürliche Träume bewegen sich aus dem Bereich des Unbewußten und Ausgleichenden hin zum Bereich des Bewußten. Meditation ist eine Bewegung in umgekehrter Richtung: Die Grenzen des Bewußtseins werden überschritten. Meditation richtet sich aus dem Wachzustand heraus in das Unbekannte, um es zu erleuchten. Es geht darum, meditativ die Bereiche zu entdecken und aufzusuchen, denen Wachheit fehlt, in sie einzudringen und mit dem Licht des Bewußtseins das unbewußte Dunkel in Träume zu verwandeln, aus denen man dann erwachen muß.

Wie Jung richtig bemerkte, kann man in einem Individuationsprozeß tausend Jahre analytisch deutend an sich selber arbeiten, ohne höheres Bewußtsein zu erlangen. Das liegt daran, daß die Geschwindigkeit des Unbewußten akzeptiert wird. Und dieses hat, vom Gesichtspunkt des Bewußtseins her gesehen, die Geduld und Muße der Ewigkeit. In der Psychoanalyse geschieht alles in der langsamen Evolutionszeit, die dem Unbewußten zu eigen ist.

Durch Meditation wird die wesentlich höhere Geschwindigkeit des Bewußtseins, sein Rhythmus, auf das Unbewußte übertragen. Da die Evolution letztlich zum Licht strebt, ergreift das unbewußte Dunkel das meditative Licht und hierdurch werden die gewaltigen unbewußten Ressourcen geweckt, aktiviert und in Bewegung gesetzt. Meditation führt Energie aus der Zustandsform des Unbewußten in die des Bewußtseins; und da dieses ein qualitatives Phänomen ist, bewirkt der Meditationsprozeß, daß die Erweiterung des Bewußtseins gleichzeitig zu höherem, potenziertem Bewußtsein führt. Wirkliche, direkte Bewußtheit über das kollektive Unbewußte ist dadurch höheres Bewußtsein. Dies läßt sich leicht an Kindern beobachten. Ein Säugling, noch ohne ein Ich, hat die Möglichkeit des Bewußtseins, des Ichs. Der Unterschied zwischen einem Säugling, der seine Hand betrachtet, und einem neugeborenen Tier ist erkennbar. Das Kind hat aber ein Streben nach Ich-Bewußtsein, das dem Tier fehlt. Einem Kleinkind, das etwa »mit den Händen spielt«, über lange Zeit hinweg meditativ seine eigene Hand betrachtet, wohnt die Möglichkeit des Bewußtseins inne. Der Unterschied zwischen den Zuständen vor und nach dem Sprung, die qualitative Intensivierung des Lichts – von der Möglichkeit des Bewußtseins her zur Wirklichkeit des Ichs hin – beeindruckt aber jedesmal aufs neue.

Ein Kleinkind in natürlicher Meditation. Hierdurch bereitet sich der Übergang des Bewußtseins von der Möglichkeit zur Wirklichkeit hin vor.

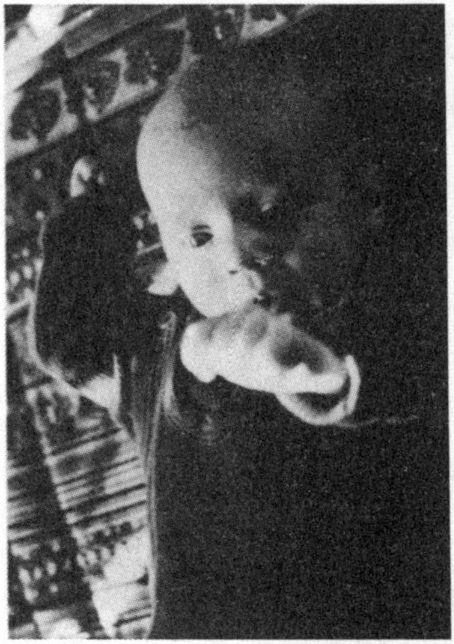

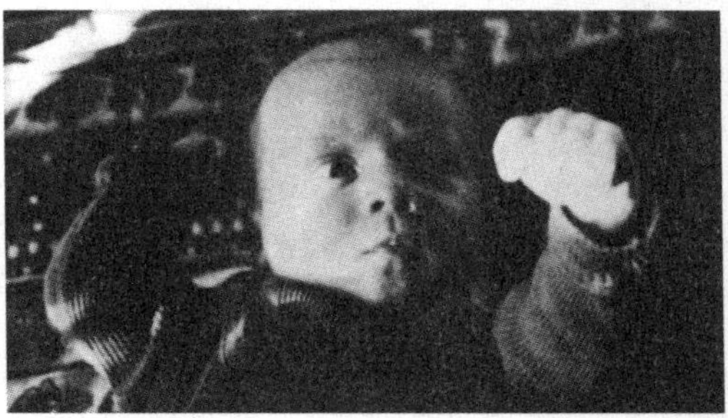

In gleicher Weise übt sich das Bewußtsein in meditativer Vertiefung, über seine eigenen Grenzen hinaus. In der Meditation übt das Bewußtsein die Disposition zu höherem Bewußtsein bis hin zu dem Punkt, an dem der Sprung erfolgt und die Momente höheren Bewußtseins beginnen.

Das Ich meditiert über das Selbst, das die Möglichkeit zu höherem Bewußtsein ist, oder übt es. Ein Kleinkind meditiert, was alle Kleinkinder auf natürliche Weise tun, über seine Hände, über Gegenstände, über die Eltern, um den Unterschied zwischen

Subjekt und Objekt, zwischen »mir und den anderen« einzuüben. Dieser Unterschied ist die Bedingung, diese ursprüngliche Teilung ist die Basis des Bewußtseins.
Der Erwachsene meditiert über Chakren, über das Selbst, über Symbole, über Stille, um die Identität zwischen Subjekt und Objekt einzuüben, welche Bedingung für die Erlangung höheren Bewußtseins ist.
Das Ich-Bewußtsein ist Bewußtsein von Unterschiedlichkeit. Höheres Bewußtsein ist Bewußtsein von Einheit. Unbewußtheit ist fehlendes Bewußtsein von Unterschiedlichkeit. Das kollektive Unbewußte ist die ursprüngliche Einheit mitsamt ihrem Dunkel. Höheres Bewußtsein ist das erlangte Bewußtsein von Einheit.
Das Chakrasystem ist, wie wir sahen, ein Modell, ein Beschreibungssystem – vergleichbar etwa dem der Physiologie.
Dieses System von Bezügen ist auf dem Weg vom Ich-Bewußtsein zu potenziertem Bewußtsein anwendbar – bis zu einem gewissen Grade vielleicht sogar unvermeidlich. Aber es ist nur ein Instrument. Höhere Meditation verwendet kein Chakrasystem. Die Bewußtseinsform, die mit der Meditation über Stille angestrebt wird, ist jenseits der Verschiedenheit von Chakrabeschreibungen. Werden diese zu einem Fetisch erhoben, so wird der Wachstumsprozeß gehemmt, und die Entwicklung hält ein.
Das Chakrasystem hat also, wie zum Beispiel auch die physiologische Körperbeschreibung, ein begrenztes Anwendungsgebiet. Eine Beschreibung des Bewußtseins als nur und ausschließlich physiologisch bedingt würde es zu einem Epiphänomen der physiologisch beschreibbaren Prozesse des Gehirns reduzieren. Dies erklärt aber nicht die Dimension des Bewußtseins; Körperbeschreibungen sind nur relativ eingeschränkt anwendbar.
Entsprechend ist das Chakrasystem relativ anwendbar auf dem Weg vom Ich zum höheren Bewußtsein. Wird krampfhaft an diesem System festgehalten, wird es dogmatisiert oder zu einer religiös-metaphysischen Realität erhoben, so bremst man seinen eigenen Entwicklungsprozeß. Es geht darum, Geschmeidigkeit

zu erreichen. In manchen Zusammenhängen ist die Physiologie als Wissenschaft das genaueste Beschreibungsmodell. In anderen Zusammenhängen – wie wir sie im zweiten Teil zu schildern versucht haben – ist das Chakrasystem das präziseste Werkzeug; in wieder anderen Dimensionen ist auch dieses System ein Hemmschuh.
Im dritten Teil dieses Buches wollen wir nun den Versuch einer Beschreibung verschiedener meditativer Prozesse oder verschiedener Bewußtseinsaspekte machen. Hier wollen wir das Chakrasystem nur peripher verwenden und es daher in seiner relativen Berechtigung auf sich beruhen lassen.

Technik
Der ausgleichende Teilvorgang des Entwicklungsprozesses findet zwischen dem kollektiven Unbewußten und dem Ich-Bewußtsein statt. Die spezifische Tendenz zu höherem Bewußtsein zielt nun aber besonders auf das Selbst als Ansatzpunkt höheren Bewußtseins im bewußt-unbewußten System. Um die Arbeit an der Selbsterkenntnis auf Richtung potenziertes Bewußtsein hin zu intensivieren und zu präzisieren, lassen sich die drei beschriebenen Aspekte der Persönlichkeit miteinander verbinden.
Um einen Bezugspunkt im kollektiven Unbewußten zu bestimmen, kann man – wie schon in der Einleitung unter »Technik« beschrieben (S. 11) – das energetisch stärkste Traumsymbol der letzten Monate aufsuchen und dieses in der Übung den kollektiv unbewußten Aspekt repräsentieren lassen. Es wird nach der im ersten Teil »Traum und Körper« beschriebenen Technik (S. 26) dem Körper einverleibt. Wird dabei das im zweiten Teil beschriebene Chakrasystem verwendet, so dürfte eine genauere Plazierung des gewählten Traumsymbols in einem der sechs Hauptchakren möglich sein.
Nun ruht die Aufmerksamkeit abwechselnd auf dem Symbol im jeweiligen Chakra und auf verspannten Körperbereichen, die man zu entspannen sucht. Es geht darum, daß sich die Aufmerksamkeit ruhig vom Symbol in seiner Körperzentrierung zu den verspannten Bereichen hin und wieder zurück bewegt. Dies ist

ein Entspannungsprozeß, also keineswegs analytisches Denken. Er wird vertiefend etwa 15 Minuten lang beibehalten.
Hierauf findet man einen festen Bezugspunkt im Ich-Bewußtsein. Dieser läßt sich finden, indem die Aufmerksamkeit auf das augenblicklich dringendste konkret existentielle Problem gerichtet wird. Dies mag das Arbeitsverhältnis sein, die finanzielle Situation, Krankheit, Partnerschaft, Charaktereigenschaften und dergleichen mehr. Wichtig ist, ein Problem oder eine Frage zu wählen, die einen im Alltag tatsächlich beschäftigt und irritiert.
Die Übung wird fortgesetzt, indem man zunächst diese Frage stellt und darauf, statt zu antworten, die Aufmerksamkeit erneut auf das Traumsymbol in seinem Chakra richtet. Wieder bewegt sich das Bewußtsein abwechselnd zwischen der Frage, dem Symbol im Chakra und den verspannten Körperbereichen. Es umfaßt diesen Prozeß in ruhiger, aufmerksamer Betrachtung; es geht also nicht darum, zu denken, logisch zusammenzusetzen oder sich um die Herstellung einer Verbindung zu bemühen.
Da die Symbolisierungen des kollektiven Unbewußten eine ergänzende kompensatorische Funktion gegenüber dem Alltag des Ich-Bewußtseins haben, verhält sich der gewählte Kristallisationspunkt aus dem Unbewußten notwendig zu der gewählten konkret existentiellen Frage. Die Persönlichkeit ist eben nicht nur ein rationell aufgeteiltes, in sich getrenntes System, sondern eine zusammengefügte, organische Ganzheit.
Hat sich das Bewußtsein etwa 15 Minuten in diesen integrativen Entspannungsprozeß vertieft, so wird auf folgende Weise der dritte Aspekt hinzugefügt: Zunächst werden fünf bis zehn Minuten darauf verwendet, die eigene Persönlichkeit gefühlsmäßig in Kontakt mit dem Selbst zu bringen. Das Selbst ist das Gefühl, daß das Leben einen Sinn hat; daß es jenseits der Geschäftigkeit und Aktivität des Ichs eine Bestimmung gibt. Dieses Gefühl der übergeordneten Steuerung durch das Selbst wird im allgemeinen auf fortgeschritteneren Stufen der Entwicklung in positiver Form empfunden. Doch ist auch der negative Kontakt mit dem Selbst in

Form von Sehnsucht nach einem Zweck oder Sinn des Daseins verwendbar.
Entscheidend ist die Richtung zum übergeordneten Zentrum hin. Diese Richtung, das Gefühl vom Selbst oder von einem Ziel des Daseins, wird nun in den Prozeß der Vertiefung eingebracht.
Das Bewußtsein bewegt sich in ruhigem Rhythmus wechselnd zwischen den drei Aspekten: der existentiellen Frage als dem Repräsentanten des Ich-Bewußtseins; dem Traumsymbol im Chakrapunkt als dem Inbegriff der Ressourcen des kollektiven Unbewußten; und schließlich dem Gefühl des Selbst oder eines Sinnes als Berührungspunkt mit einer höheren Bewußtseinsform.
Dieser Prozeß der Vertiefung dauert etwa 15 Minuten. Die Übung wird den Kontakt zwischen den drei Aspekten des Bewußtseins und die Möglichkeit zu Integration und Selbstverständnis verstärken.

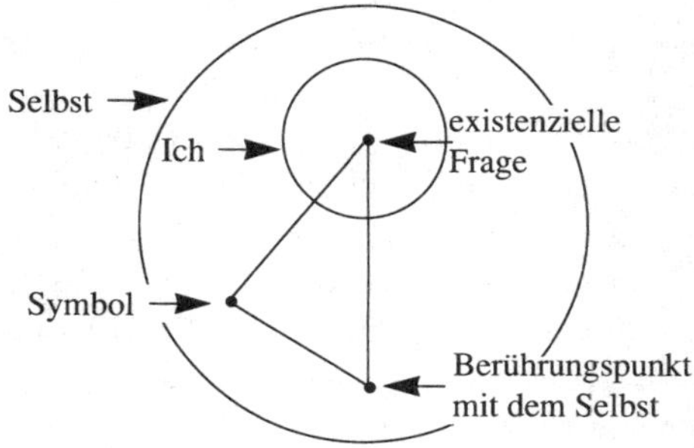

Viele Menschen stehen vor der Schwierigkeit, daß das kollektive Unbewußte und das Selbst ferne intellektuelle und oft abstrakte Größen ohne Verbindung zum tatsächlichen, vielleicht problemerfüllten Alltag bleiben. Die angedeutete Technik hat unter anderem den Zweck, die Potentiale auszunutzen, die sich teils in den archetypischen Traumsymbolen, teils in den Chakrapunkten und teils im Gefühl des Selbst zu finden. Diese Potentiale oder Ressourcen bleiben für viele in einem Zustand der Latenz, des Nicht-ausgenutzt-Werdens. Im allgemeinen sind sich die Menschen nicht bewußt, wieviel Hilfe zum Beispiel darin liegt, sich selbst regelmäßig meditativ in Kontakt mit einem Gefühl für das Selbst, einem Sinn oder Zweck, zu bringen, wie vage dieses Gefühl auch sein mag.

Noch weniger bekannt ist, daß ein präziser Kontakt mit einem Chakrapunkt, etwa über ein Traumsymbol, die Stimmungslage und die Verständnisebene einer Persönlichkeit im Laufe von nur 15 Minuten meditativer Vertiefung ändern kann.

Kapitel 4: Projektion und Klarsicht

Projektion und Bewußtseinsform

Projektion ist ein selbständiges Hinübergleiten unbewußter Inhalte oder Bilder auf einen Gegenstand, eine Person oder eine Institution. Die Bedingung für eine solche Projektion eines Teiles der eigenen Persönlichkeit auf etwas anderes ist einerseits, daß in der projizierenden Person etwas Unbewußtes besteht. Andererseits muß es etwas Objektives geben, woran die Projektion festgemacht werden kann, einen Anlaß oder einen »Haken«, den ich als Vorwand benutze, unbewußt etwas in mir selbst dem anderen »überzuwerfen«.

Nehmen wir einmal an, Huber tratscht. Das ist eine objektive Tatsache. Gehe ich nun zu den gemeinsamen Bekannten von Huber und mir und erzähle unter dem Siegel der Verschwiegenheit, daß sie aufpassen sollen, denn Huber tratscht – was tue ich? Ich tratsche über Huber. Aber meine eigene Tratschhaftigkeit ist mir unbewußt; den Balken im eigenen Auge kann ich nicht sehen, den Splitter des Tratschens in Hubers Auge aber sehe ich deutlich. Dies ist Projektion. Unbewußt, automatisch werde ich die unbequeme Tatsache meiner eigenen Tratschhaftigkeit dadurch los, daß ich beharrlich nur Hubers Tratschen sehe. Mein Eigenes projiziere ich auf Huber. Und das wird eben dadurch möglich, daß Huber tratscht und ich schlafe.

Solche Projektionen können auf vielerlei Weise stattfinden. Überaus wohlbekannt ist die Projektion durch Emotion. Jemand provoziert mich und ich werde zornig, worauf ich ihn für alles Unangenehme anpfeife, was mir nur einfällt. Was mir aber einfällt, wenn ich vor Zorn – oder Trauer, oder Freude – außer mir bin, das kommt von mir selber, aus meinem Unbewußten. Der andere hebt den Deckel von meinem Mülleimer, ich merke den Gestank, und um ihn loszuwerden, werfe ich dem anderen meinen ganzen Müll über den Kopf. Ich sehe den Dreck nur an ihm; er ist der Schurke, der Schatten, der Waschlappen, und ich bin unschuldig. Dies ist, versteht sich, Projektion. Vielen fällt es schwer, diesen Mechanismus zu begreifen, weil sie die eventuellen objektiven Schwächen des anderen festhalten. Doch wenn zum Beispiel Hitler auch objektiv eine zweifelhafte Persönlichkeit war, so kann mein Haß gegen ihn dennoch auch etwas über mich sagen. Der Haß, der Drang zum Erschlagen zum Beispiel kommt aus den Tiefen meiner eigenen Seele. Er gehört mir an, auch dann, wenn der andere eine zweifelhafte Person ist.

Je mehr ein Mensch also projiziert, desto weniger klar kann er sehen, was tatsächlich passiert. Obendrein sieht er eigentlich sich selbst, wohin er auch blickt, denn sein Unbewußtes ist auf die Phänomene und Gestalten der Umgebung projiziert. Klarsicht heißt dagegen: nicht zu projizieren. Je weniger Projektion, je weniger Unbewußtheit – desto mehr Klarsicht.

Es genügt aber nicht, Projektionen zu erkennen; sie müssen auch zurückgenommen werden. Die ausgeschiedene Energie muß wieder assimiliert werden. Die unbewußt verstreuten Bilder und Inhalte müssen wieder eingesammelt werden und im Bewußtsein bleiben.

Durch Psychoanalyse und durch viele andere Methoden kann man lernen, Einsicht in seine Projektionen zu gewinnen. Diese aber endgültig zurückzunehmen und dadurch den anderen, das andere von den auf ihn geworfenen Energiemengen zu befreien – dazu wird oft, wenn auch nicht immer, Meditation vonnöten sein. Darum haben wir der Beschreibung der sogenannten tiefenpsychologischen Meditation und der Unterweisung darin viel Platz eingeräumt, denn sie dienen nicht nur zur Einsicht, sondern auch zur Einarbeitung der verschleuderten Energie.

Die Bewußtseinsform, in der eine Projektion sich befindet, hängt davon ab, wie viel Einsicht über die Projektion sich in der Persönlichkeit findet. Erfolgt eine Projektion, so geschieht dies immer in einem Zustand unbewußter Identität, einem Schlafzustand. Unbewußte, automatische, normale Projektion findet im Schlaf statt. Auch wenn das Ich vollkommen wach ist, entspringt sie aus Bereichen oder Aspekten der Persönlichkeit, die sich in tiefem Schlaf befinden. Dieser Schlaf ist die Bedingung dafür, daß die Projektion überhaupt stattfinden kann. Sie erfolgt durch die Unbewußtheit darüber, daß ich vom anderen verschieden bin, mit anderen Worten, über eine unbewußte Identität zwischen mir und ihm.

Schlaf gibt es nicht nur nachts. Er ist eine Bewußtseinsform, die immer in einer Persönlichkeit und um sie herum besteht, bis eine endgültige Erleuchtung stattgefunden hat. Das Unbewußte existiert immer, und es befindet sich im Schlaf. Selbst in äußerstem Wachzustand schläft der weitaus größte Teil der Persönlichkeit.

Weiß man, daß man projiziert hat, daß man Bilder und Inhalte auf den anderen übertragen hat, so befindet sich die projizierte Energie in der Zustandsform des Traumes. Ist man verliebt, und man weiß, dies ist eine Projektion, so befindet man sich in einem Traum. Sobald ein intellektuelles Verständnis dafür eingetreten ist, daß in einer gegebenen Situation eine Projektion stattfindet, steigt deren Bewußtseinsform von tiefem Schlaf zum Traum auf. Doch es besteht noch immer eine Aufgabe: die Projektion zurückzunehmen, aus dem Traum zu erwachen. Erst wenn die projizierten Inhalte, Bilder oder Energiebeträge voll und ganz in das eigene Bewußtsein integriert sind, erst dann ist die Projektion aufgehoben, ist die Persönlichkeit in den Bereichen erwacht, in denen sie bisher schlief oder träumte.

Der Mensch ist von seinem Schlaf und von seinen Träumen umgeben. Je mehr Dunkel in und um einen Menschen herum zu sehen ist, desto mehr Schlaf findet sich in und um ihn. Je wacher dagegen eine Persönlichkeit ist, desto durchscheinender und klarer ist sie. Die Aura zeigt – wie Bob Moore sagt – den Grad der Unvollkommenheit in einem Menschen. Die Aura eines Meisters ist ohne Inhalt, klar und durchscheinend. Wie schon wiederholt erwähnt, besteht Meditation eben darin, festzustellen und zu sehen, in welchen Bereichen man schläft. Meditation entzündet ein Licht im Dunkel des Schlafes und verwandelt ihn in den Traum. Und wird sie fortgesetzt, so erwacht man.

Klarsicht ist eine unmittelbare und direkte Funktion der Meditation. Irgendwann ist die Intensität des Lichtes bis zu einem Punkt angewachsen, in dem es von selbst beginnt, andere zu durchleuchten. Es gibt nichts Magisches oder Okkultes an dieser Klarsicht. Sie ergibt sich direkt aus dem Wesen des Bewußtseins.

Partnerschaft, Polarität und höheres Bewußtsein

Ein Entwicklungsprozeß läßt sich allein durchführen oder in einer Partnerschaft. Es ist bekannt, daß Menschen Isolation und Zölibat aufsuchten, um die Entwicklung zu intensivieren. In der yogischen Tradition, im Zen, in der Klosterbewegung und in vielen anderen Zusammenhängen setzten Menschen auf Einsamkeit und Enthaltsamkeit, arbeiteten meditativ mit der sozialen und sexuellen Energie, um sie zu potenziertem Bewußtsein zu verwandeln.
Vereinzelt finden sich zu allen Zeiten Beweise dafür, daß Menschen sich in einer Partnerschaft zu entwickeln suchten. Aus den Upanishaden ist das erleuchtete Paar Yajnavalkya und Maitreyi bekannt; als Begründer des tantrischen Buddhismus finden wir die Frau des Pfeilschmiedes und Saraha. Insgesamt haben die tantrischen Traditionen – hinduistische wie auch buddhistische – viel in der Form der Partnerschaft gearbeitet. Dasselbe gilt, wie wir wissen, für eine Reihe der berühmtesten Alchemisten des Westens (z. B. Flamel und Peronelle), wie auch der anonymsten. Aus der Antike kennen wir die Berichte von Sokrates' Lehrzeit bei der weisen Diotima. Sicher scheint, daß das Ziel über beide Wege erreichbar ist. In unserer Zeit ist das Problem erneut aktuell, weil das Verlangen nach höherer Entwicklung stetig deutlicher wird. Darum ist es wichtig, etwas darüber zu wissen, wie die Partnerschaft in einen solchen Entwicklungsprozeß einbezogen werden kann.
Im folgenden wollen wir die vier Hauptphasen beschreiben,

durch die sich, wie es scheint, eine Partnerschaft in gemeinsamer Arbeit an der Bewußtseinsentwicklung bewegen kann.
Die erste, elementarste Stufe einer Partnerschaft ist die Verliebtheit. Sie beruht auf einer Projektion. Der Mann projiziert hier unbewußt und automatisch sein inneres Bild der Weiblichkeit auf die Frau, die ihrerseits ebenso automatisch und unbewußt ihre innere Männlichkeit auf ihn projiziert. Wie in allen Projektionen existiert eine objektive Grundlage für die gegenseitige Projektion; diese braucht aber nicht besonders ausgeprägt zu sein – eine einzelne Eigenschaft, ein äußerlicher Zug reicht aus, um die Projektion in Gang zu setzen.
Ein solches Verhältnis ist daher – so schön es auch sein mag – letztlich und in seinem Wesen Illusion. Verliebtheit ist der Köder, die Prämie, die die Natur um der Sicherung der Art willen aussetzt.
Schematisch können wir Verliebtheit folgendermaßen darstellen:

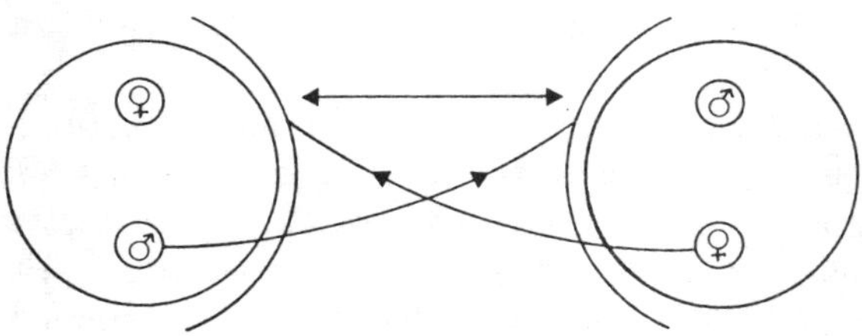

Verliebtheit
Projektion
Schlaf

Hier sieht keiner der Partner den anderen. Was sie sehen, sind Erwartungen, Rollen, Wünsche, Hoffnungen, Vater und Mutter; sie sehen ihr eigenes tief Unbewußtes, das auf den anderen exponiert wird.
Eine Partnerschaft kann in dieser ursprünglichen Form erstarren. Selbst bei der Silbernen Hochzeit kennt man noch immer nicht den anderen. Der Mann nimmt an diesem Morgen ausnahmsweise einmal die untere Hälfte des Brötchens, denn er hat 25 Jahre lang die obere Hälfte gegessen, weil er glaubte, seine Frau ziehe die untere vor. Und nun entdeckt er am Morgen der Silbernen Hochzeit, daß sie immer die untere Hälfte aß, um eben

nett zu ihm zu sein – sie glaubte nämlich, er möge die obere lieber. Sie teilten das Leben und die Brötchen, und das war schön so, aber es war und blieb eine Illusion.

Oder die Verliebtheit geht vorbei, und die Partnerschaft wird auf die Probe gestellt. Sie hat ihn gewählt, weil er so nett und stabil war. Aber allmählich entdeckt sie, daß er gerade dann, wenn es darauf ankommt, nicht nett und stabil ist. Sie glaubte, er sei dies und jenes, was er, als es wichtig war, eindeutig nicht war. Viele verlassen einander in dieser Krise. Sie werden nüchtern, erwachen aus dem Rausch der Verliebtheit mit dem Kater der Ehe. Und dann sind Kinder da, angebliche Gleichberechtigung, gegenseitige Rollenspiele, Scheidung.

Eine solche verliebte Partnerschaft, die entweder erstarrt oder aufgelöst wird, befindet sich in tiefem, traumlosem Schlaf. Es dämmert den beiden nicht einmal, daß ihr Verhältnis auf Projektion beruhte, von Projektionen getragen wurde. Der Zustand der Beziehung ist Schlaf; und weder über sich selbst noch über den anderen lernt man dadurch, daß man miteinander schläft.

Die nächste konstruktive Phase einer Partnerschaft beginnt, wenn es den beiden möglich wird, hinter dem Schleier und den Erwartungen der Verliebtheit den anderen so zu erahnen, wie er ist. Psychologisch bedeutet dies, daß sie den Projektionsmechanismus zu verstehen beginnen. Sie erleben dann, daß der psychologische Gegensatz, der hinter der Verliebtheit auftaucht, als Chance, Aufgabe oder Entwicklungsmöglichkeit betrachtet werden kann. Es ist möglich, hinter Masken und Panzern, hinter Rollenspielen und Erwartungen einen anderen Menschen kennenzulernen. Und das ist eine seltene Chance: tatsächlich einen anderen Menschen zu erkennen, so wie er in sich selber ist, ohne die eigenen Wertungen und Hoffnungen, Manipulationen und Verteidigungsmechanismen.

Entdeckt sie zum Beispiel, daß er nicht nett und stabil ist, wenn sie das wirklich braucht, kann sie sich dazu entscheiden, Abstand zu nehmen, enttäuscht und frustriert zu sein und schließlich nach einem anderen zu suchen, der ihre Bedürfnisse befriedigen kann.

Oder sie kann allmählich verstehen, daß der Grund dafür, daß nicht einmal er, den sie doch liebte, so wie er sie liebte, ihre Bedürfnisse – immer und in allen Situationen – einzulösen vermochte, möglicherweise schlicht darin liegt, daß sie selbst es ist, die diese Forderungen erfüllen muß.
Dank einer durch Störung aus dem Schlaf aufgerüttelten Partnerschaft läßt sich lernen und erfahren, daß viele der eigenen Bedürfnisse und Forderungen nicht von jemand anderem, sondern letztlich nur von einem selbst, von dem eigenen Selbst eingelöst werden können. Die in eine Krise geratene Partnerschaft läßt sich als Chance benutzen, um sich in einem Prozeß der Reifung nach innen zu wenden.
Aus dem Erlebnis von Bitterkeit und Streiterei wenden sich diese Situationen allmählich einer Zusammenarbeit zu. Die beiden können einander bei der Entdeckung ungerechtfertigter Forderungen helfen. Die Frau fungierte zum Beispiel als Mutter des Mannes, sie gab ihm Wärme, Gemütlichkeit, Essen – trotz ihrer eigenen Arbeit. Und er wirkte vielleicht als ihr Vater, stützte sie, war Autorität und Garant. Oder sie spielten diese Rollen umgekehrt. Aber der Mann ist ebensowenig Vater oder Mutter der Frau, wie sie das für ihn ist. Dies sind verkehrt gestellte Forderungen und Bedürfnisse, die nicht befriedigt werden, noch sich in äußere Beziehungen verwandeln können. Letztlich muß man erwachsen werden und lernen, sich selbst Vater oder Mutter zu sein; nicht bei anderen Wärme oder Akzeptanz, Lob, Selbstvertrauen zu suchen.
In dieser Arbeit in einer Partnerschaft geht es darum, die Schattenseiten und Emotionen zu sehen, die die Beziehung verbiegen und verschleiern. Findet dieser Reifungsprozeß statt, so erweitert sich der Bewußtseinszustand der Beziehung allmählich vom Schlaf zum Traum. Man ahnt, daß jeder Mißklang, jedes Mißlingen die Möglichkeit erweiterter Selbsterkenntnis herstellt. Schematisch läßt sich diese Phase folgendermaßen abbilden:

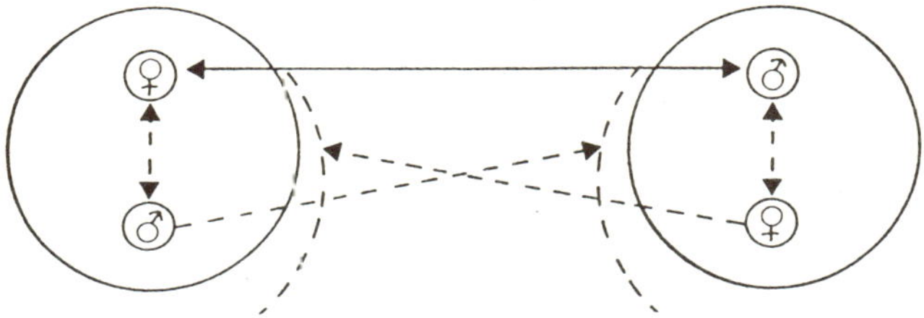

Eine träumende Beziehung: Krisen, Reifung, Kämpfe

Die Frau beginnt von ihrem – nicht mehr projizierten – inneren Animus, ihrer Männlichkeit, zu träumen. Und der Mann erlebt allmählich Träume von seiner Anima, der inneren Weiblichkeit.

Die beiden beginnen, einander sehen zu können. Zunächst ist dies noch traumartig und vage, mit Schlaf vermischt, mit Projektionen und Unbewußtheit. Langsam aber verdeutlicht sich der andere Partner in seiner Verschiedenheit, in seinem/ihrem So-sein.

Fremdheit, Getrenntheit ist die Bedingung dafür, daß eine Begegnung in tieferem Sinne stattfinden kann. Liebe ist eine Beziehung von Herzchakra zu Herzchakra, eine freigiebige Energieströmung, die den anderen so akzeptiert, wie er ist. Verliebtheit ist Forderung und Erwartung. Verliebtheit liebt den anderen, wenn er ihre Bedürfnisse und Erwartungen einlöst. Verliebtheit entwickelt sich aus den drei unteren Chakren. Die Möglichkeit der Liebe liegt oft in ihr verborgen.

Wenn zwei Menschen in einer Partnerschaft einander ohne Schleier sehen können, wenn sie die Schwächen und Vorteile, Leiden und Freuden des anderen sehen können, und wenn das, was sie sehen, gern angenommen wird – dann handelt es sich um eine echte Begegnung, um Liebe.

Diese wache Beziehung in einer Partnerschaft kann man energetische Polarität nennen. Polarität ist eine Beziehung jenseits der schlaferfüllten Projektionen aus Verliebtheit, Faszination und Emotion. Sind die Projektionen als solche erkannt, so ist die Beziehung traumartig; werden sie zurückgenommen, ist sie zu höherem Leben erwacht.

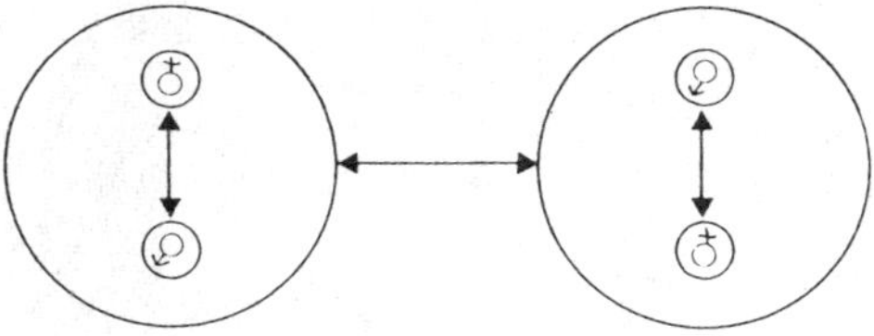

Wirklichkeit
Liebe
Polarität
Wache Beziehung

Auf dieser Stufe beginnt die Entwicklungsarbeit im eigentlichen Sinn. Hier kennt der Mann seine innere Weiblichkeit, und die Frau weiß von dem ihr innewohnenden Mann. Der Schlaf der Verliebtheit und die träumenden Beziehungen befinden sich primär auf einer Bedeutungsebene. In einer solchen Partnerschaft ist die Kommunikation mental, sie ist Austausch von Meinungen, gegenseitige Bestätigung, Gezänk, Gespräch, Deutung, Tratsch usw.

Beginnt die wache, wirkliche Begegnung, so gründet sich das Verhältnis weit mehr in einer wortlosen Polarität der Energiefelder: sie stützen einander in der Stille, wie die zwei Streben eines gotischen Spitzbogens.

Die letzte Stufe beruht darauf, daß die beiden Persönlichkeiten einander im Selbst begegnen; oder die beiden Partner verankern sich transparent in der Einheit höheren Bewußtseins. Diese Beziehung – von Selbst zu Selbst – steht über dem Polaritätsverhältnis. Sie ist eine spirituelle Beziehung, prinzipiell identisch mit dem möglichen Verhältnis zwischen Meister und Schüler oder zwischen zwei ebenbürtigen Trägern höheren Bewußtseins.

Gestaltet sich die Beziehung im wessentlichen schlafend oder träumend, so beruht dies vor allem auf Verbindungen zwischen den drei unteren Chakren. Im wachen polarisierten Verhältnis der Liebe liegt der Schwerpunkt in der Beziehung der Herzchakren. Schließlich öffnet das spirituelle Verhältnis seine Möglichkeiten, wenn die Potentiale einbezogen werden, die in der Beziehung der beiden oberen Chakren, des Hals- und des Augenbrauenchakras, liegen.

Die spirituelle Beziehung läßt sich folgendermaßen abbilden:

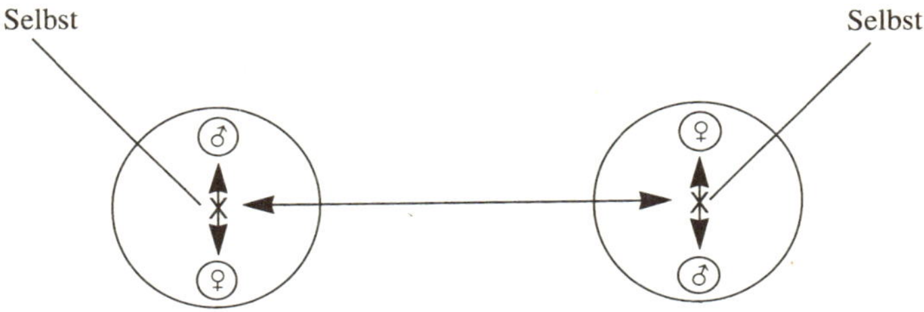

Einheit
Spirituelle Beziehung
Begegnung im höheren Bewußtsein

Zustandsformen des Körperbewußtseins

Grundsätzlich befindet sich das Körperbewußtsein im Zustand des »Schlafes«. Im allgemeinen hat man wenig Wissen darüber, was sich im Körper abspielt. Normalerweise ist ein deutliches Lust- oder Schmerzgefühl notwendig, um auf die Funktionen des Körpers aufmerksam zu machen.
Durch die Arbeit an der Innenwendung von Energie in Selbsterkenntnis sowie an den Chakren und an der Kanalisierung von Energie wird das Körperbewußtsein aber allmählich verstärkt. Wir können sagen, daß das Erlebnis der Chakren, ihre Energiepulsationen, sowie ihre Symbole, Bilder und Signale, Träume des Körperbewußtseins sind. In höherer Meditation ergeben sich Zustände, in denen Bewußtsein und Körper als zwei Aspekte desselben Grundphänomens erlebt werden. In solchen Erlebnissen nähert sich das Körperbewußtsein dem Zustand des Wachseins.
Die Alchemisten richteten ihr Bestreben speziell darauf, meditativ in die Materie und damit in die Stofflichkeit ihres eigenen Körpers einzudringen. Sie entdeckten, daß diese Versenkung in den Körper drei entscheidende Phasen hat. Zunächst gibt es Dunkel, Schwärze. Bilder finden sich nicht, sondern nur Unbewußtsein, Chaos, Verwirrung. Erst allmählich tauchen Symbolisierungen in weißer Farbe auf. Das entspricht nach Meinung der

Alchemisten einer Bewegung des Bewußtseins in das Dunkel des Körpers hinein, entlang den Nerven und Skelettstrukturen. Diese vibrieren in weißen Nuancen; daher taucht die Farbe Weiß spontan auf, wenn die Energie in ihrem Suchen und Tasten im Dunkel des Körpers beginnt, Nervenbahnen und Skelettstrukturen von innen zu finden.

Später zeigen sich Symbolisierungen der Farbe Rot, was dem Sachverhalt entspricht, daß das Bewußtsein nach seiner Berührung mit Nerven und Skelett nun Kontakt mit dem System der Blutgefäße aufnimmt. Das Blut vibriert mit roten Farbtönen; folglich zeigt sich die Farbe Rot mit Bildern und Licht im Innern, wenn die Strömungen der Blutbahnen auf das nach innen strebende meditative Bewußtsein treffen.

Durch die schwarz-weiß-roten Farbtöne wird das schlafende Körperbewußtsein auf die alchemischen Körperträume übertragen. Wie wir bereits sahen, bildet sich das autonome Nervensystem im Traum durch Symbolisierungen von Schlangen, Insekten und Kriechtieren ab. Wir sahen auch, daß das Erscheinen dieser Symbolisierungen eine derart intensive Berührung, Erweckung oder Herausforderung dieses Systems bedeutet, daß das Bewußtsein Spiegelungen dieses Bereiches im Traum erfassen kann. Zeigen sich diese Spiegelungen von Nervenbahnen, so besteht im allgemeinen die Möglichkeit tiefgehender Erkenntnis und Verwandlung des im Erdchakra gegründeten Alltagslebens. Der Entwicklungsprozeß erwacht oder beginnt sich im untersten Chakra zu rühren. Wir sahen auch, daß die Farbe Rot diesem Chakra zugeordnet ist.

Was die Alchemisten in ihren Zuständen von Nigredo (schwarz), Albedo (weiß) und Rubedo (rot) ahnten, entspricht folglich recht genau einem Hineinarbeiten des Bewußtseins in die Zustandsform und Psychologie des Erdchakras. Statt daß Energie und Aufmerksamkeit von diesem Zentrum nach außen auf die Dinge der Welt gerichtet werden, wenden sie sich nach innen in das Dunkel der Körperlichkeit. Dieser Prozeß wird von selber die Vibrationen und Rhythmisierungen des Körpers entdecken – und sich dadurch von der physisch-dinglichen Energieauffassung einem energetisch-ätherischen Aspekt zuwenden, in dem das Chakrasystem und die ätherisch den Nerven-Blutbahnen entsprechenden Energieströme entdeckt werden.

In neuerer Zeit hat Rudolf Steiner diese Zustandsformen des Körperbewußtseins beschrieben. Nach ihm ist der Körper nur um die wirklich wichtigen Nervenansammlungen herum wach. Im übrigen schläft oder träumt er – vom Standpunkt des Bewußtseins aus gesehen. Unser Willenssystem dürfte der schlafenden Körperlichkeit entsprechen, unser Gefühlssystem der träumenden. Meditation oder Entwicklung besteht daher – in diesem Zusammenhang – laut Steiner darin, daß das Bewußtsein von einem nervlichen Denken aus erweitert wird, so daß es die Gefühlsprozesse umfaßt, was dem inspirativen Zustand entspricht, in dem die Träume des Körpers dem Bewußtsein zugänglich werden. Der Prozeß bezieht tiefere Bereiche ein, wenn das Bewußtsein in der Meditation auf das, laut Steiner, »rhythmisch-wollende« System stößt, in dem der intuitive Zustand eintritt. Intuition bedeutet, daß das Bewußtsein die schlafende Körperlichkeit und ihre Ressourcen einbezieht.

Wilhelm Reich ging vom blockierten, gepanzerten Körper aus. Dies wird bewußtseinsmäßig natürlich dem Schlafzustand entsprechen. Eine Blockierung im Körper enthält Unbewußtheit, Schlaf. Das Bestreben, Blockierungen zu lösen, bewirkt, daß man wieder einen lebenden, pulsierenden Körper erhält, in dem die sogenannten vegetativen, plasmatischen oder orgonotischen Strömungen entlang dem Körper erlebt werden. Diese Erlebnisse bewirken einen Kontakt mit dem Energieaspekt des Körpers. Die einen Befreiungsprozeß des Körpers begleitenden Bilder sind nun eben Träume. Teils träumt man nachts konkret die Träume, die schliefen, d.h. in den körperlichen Panzerungen gebunden waren. Oft tritt bei der Arbeit am Körper auch das Erlebnis ein, daß das Bewußtsein in eine Art Traumzustand gleitet, in dem Stimmungen und Erinnerungen die augenblicklich geträumten Bilder weben. Reich nannte diese Begegnungen mit dem inneren Wurm, oder, wie wir lieber sagen wollen, mit der reflexhaften Schlange, einen Orgasmusreflex oder ein Wiedererleben der

Fötalkrümmung. Wird dieser Schlangenreflex ausgelöst, so hat sich das Körperbewußtsein vom Schlaf zum Traum gehoben. Die nächste Stufe ist, aus diesem tiefen Evolutionstraum zu erwachen. Tantra und Yoga des Ostens nennen dies das Erwachen der Kundalini-Schlange. Dieses Erwachen ist die spezifische Richtung des Entwicklungsprozesses zu höherem Bewußtsein.
Fassen wir diese Beschreibungen und Andeutungen zur Zustandsform des Körperbewußtseins zusammen, so zeichnet sich ein übergeordnetes gemeinsames Muster ab: Anfänglich ist das Körperbewußtsein gering, im wesentlichen schläft es. Durch Ausgleich und Übung geht dieser Zustand in eine traumartige Bewußtseinsform über, in der Chakrasystem, Energiekanäle und verschiedene Strömungen für das Bewußtsein sichtbar werden. Dies ist das träumende Körperbewußtsein. Die letzte Stufe ist sein Erwachen. Dies entspricht den Momenten potenzierten Bewußtseins, die in Erlebnissen der Einheit jenseits des Unterschiedes von Körper und Geist existieren.

Allgemeine und spezifische Klarsicht

Allgemeine Klarsicht entsteht, wenn die Persönlichkeit die Identifikation mit der Begrenzung des Ichs aufgibt. Das Ich ist eine Notwendigkeit, wenn höheres Bewußtsein erreicht werden soll. Ohne ein wohldefiniertes und gut funktionierendes Ich ist dies ganz einfach nicht möglich. Intellektuelle und soziale Übung bilden die bewußtseinsmäßige Grundlage, auf welcher die Tendenz zu erweitertem Bewußtsein aufbauen kann. Zunächst muß sich die Persönlichkeit nach bestem Vermögen ein Ich schaffen. Dann muß sie ebenso entschieden die Identifikation mit ihrer Ich-Organisation aufgeben, um die Erweiterung in höhere Bewußtseinszustände zu erleben. Das Ich ist einerseits vom kollektiven Unbewußten getrennt, andererseits von höherem Bewußtsein. Ist die Persönlichkeit mit dem Ich identisch, in ihm zentriert und isoliert, so ist das kollektive Unbewußte eben fern und unbewußt,

und das höhere Bewußtsein ist irreal, abstrakt und theoretisch. Lockert die Persönlichkeit ihre Identifikation mit dem Ich, so öffnet sich das Bewußtsein teils für das kollektive Unbewußte, teils für das höhere Bewußtsein. Dies ist ein allmählicher Prozeß. Diese nicht gewöhnlichen Zustände treten zuerst vereinzelt auf, momentan, später regelmäßiger und kontrollierter.
Allgemeine Klarsicht ist der Zustand, in dem das Bewußtsein die Grenzen des Ichs überschreitet und das mit einbezieht, was sonst in den unbewußten Tiefen der Persönlichkeit verborgen bleibt. Dieses umfassendere Bewußtsein selbst ist höheres Bewußtsein, und es zeigt sich, daß es, analog dem kollektiven Unbewußten, ebenfalls kollektiv ist. Diese Kollektivität beruht auf der Einheit in höherem Bewußtsein. Wächst eine Persönlichkeit über die Ich-Begrenzung hinaus in höheres Bewußtsein, so wird von selbst die Möglichkeit der Kommunikation – der Gemeinschaft – mit anderen Trägern höheren Bewußtseins eintreten. Dabei handelt es sich um eine sehr einfache Tatsache, die sich durch eine Analogie verstehen läßt:
In einer Gruppe Ich-loser Kleinkinder werden wir als Erwachsene oder als ein Kind mit entwickelter Ich-Instanz unmittelbar ein einzelnes Kind mit einem Ich unter allen anderen Ich-losen Kindern erkennen. Für diese werden sich dagegen kaum sonderliche Unterschiede finden, höchstens eine vage Ahnung, ein Gefühl von etwas anderem, etwas Unbekanntem, Unbegreiflichem. Jemand mit einem Ich erkennt unmittelbar ein anderes Ich. Hat man noch kein Ich, so ist dies ein Mysterium, etwas Unverständliches.
Genau entsprechend verhält es sich mit höherem Bewußtsein. Kennt eine Persönlichkeit derartige Zustände, d.h. kennt sie diese wirklich, so wird der Betreffende schnell feststellen, ob eine andere Persönlichkeit auch diese Zustände kennt und sich in ihnen befindet. Für das normale Ich wird höheres Bewußtsein ein Mysterium oder ganz einfach ein romantisches oder utopisches Postulat sein. Wer aber die Erfahrung gemacht hat, der weiß, daß es gemeinsam ist, daß es ein Einheitsbewußtsein ist.
Wir wollen uns eine zweidimensionale Welt vorstellen, eine

Welt, die nur aus einer Fläche besteht. Auch die Menschen werden hier flach, zweidimensional sein. Sperren wir einen solchen Menschen in einen Kreis ein, so wird er eine Verschlossenheit, eine Begrenzung erleben. Er kann nicht nach außen zu den anderen Menschen gelangen. Da wir dreidimensional sind,

können wir in den Kreis hineinsehen, wir können den zweidimensionalen Menschen in die dritte Dimension – die Tiefe – heben und ihn zu den anderen außerhalb des Kreises legen. Für das zweidimensionale Bewußtsein wird dies aber ein Mysterium sein.

Nehmen wir nun an, einer dieser Zweidimensionalen erweitere durch langdauernde Meditation sein Bewußtsein in die Dreidimensionalität. Nun wäre es ihm möglich, über den Kreis hinauszusehen, und er könnte unmittelbar, selbst auf große Entfernung, sogleich sehen, ob noch ein Zweidimensionaler dreidimensionales Bewußtsein entwickelt hätte. Die dritte Dimension hebt sich ja wie ein Turm aus der Fläche empor.

Genau dies ist das Verhältnis höheren Bewußtseins zum Ich-Bewußtsein. Dieses ist eine Dreidimensionalität. Höheres Bewußtsein ist – wenn wir denn in dieser Symbolsprache reden – eine vierte Dimension. In dieser vierten, neuen, unbekannten Dimension ist unmittelbar zu erkennen, ob auch andere sie erreicht haben. Das ist ebensowenig okkult wie die Fähigkeit des Ichs, ein anderes Ich oder die Ich-losen Kinder zu erkennen.

Ist man jenseits des Ichs in höherem Bewußtsein, so hat man folglich im Prinzip unmittelbaren Kontakt mit anderen Persönlichkeiten, die möglicherweise in dieser anderen, Ich-transzendenten Dimension funktionieren. Diese Gemeinschaft und die Fähigkeit, den Entwicklungsgrad anderer Persönlichkeiten zu sehen, ist allgemeine Klarsicht. Sie schließt die Fähigkeit ein, andere die Techniken zu lehren, die zur Erreichung dieses Zustandes erforderlich sind.

Eltern wissen unmittelbar, was sie tun sollen, um ihrem Kind beim Erlernen des Ich zu helfen: Berührung, Liebe, Spiel und Gespräch. Sie wissen noch nicht einmal, daß sie es wissen. Sie tun ganz einfach das richtige. Pädagogen und Psychologen können diese tiefgehenden Prozesse studieren und verbalisieren, aber jeder, der selber ein Ich hat, weiß, was er tun muß, damit auch das Kind sein Ich entwickelt. Man muß nur selber in seinem Ich sein und dieses realisieren. Entsprechend verhält es sich mit höheren Bewußtseinszuständen. Eine Persönlichkeit, die diese kennt, weiß auch, wie sie sie erreicht hat. Man kennt den eigenen Weg, denn man ist ihn selbst gegangen. Niemand kann ihn für einen anderen gehen. Höheres Bewußtsein weiß daher, wie es ermöglicht wurde. Und es umfaßt das Ich-Bewußtsein anderer und kann daher erkennen, wie das einzelne Ich am leichtesten seine Grenzen überschreitet.

Die Fähigkeit, unmittelbar zu wissen, wie ein anderes Ich sich bewegen soll, um höheres Bewußtsein zu erreichen, ist allgemeine Klarsicht. Vom Gesichtspunkt höheren Bewußtseins aus ist die Technik einfach: Die Persönlichkeit soll nur Kontakt mit der höheren Perspektive halten – in den höheren Zuständen sein, dort wirken, das Höhere ausdrücken.

Spezifische Klarsicht beruht teils auf spezifischer Übung, teils auf der besonderen Richtung, in der das Ich-Bewußtsein geübt wurde. Ein Arzt zum Beispiel mag höheres Bewußtsein entwikkelt haben. Durch die Übung des Ich-Bewußtseins auf Körper und Krankheit hin wird das höhere Bewußtsein sich oft in eben dieser Richtung öffnen. Der Arzt wird lernen, Organe, Nerven usw. direkt mit dem höheren Bewußtsein zu erfassen. Dies ist spezifische Klarsicht. Oder es mag jemand sein, der sein Ich-Bewußtsein für das Verständnis von Träumen ausgebildet hat. In diesem Fall beginnt höheres Bewußtsein auf dieser Ebene; es wird ohne weiteres den Traum eines anderen vermittels der Aura usw. auffassen.

Auch die Deutung dessen, was das Bewußtsein umfaßt, nennen wir spezifische Klarheit. Der Mensch ist – wie wir zu beschreiben versuchten – ein vibrierendes Energiefeld. Diese Vibrationen und Rhythmen sind auf verschiedene Weisen deutbar. Manche werden die erfaßten, aurischen Vibrationen in Farben ausdrücken oder interpretieren. In diesem Fall wird die Aura als Fächer von Farben und farbigen Strömungen gesehen. Andere mögen die vom Bewußtsein erfaßten Vibrationen in Klängen deuten und begreifen. Hier wird jede Persönlichkeit eine bestimmte Klangfigur sein, die, falls Gleichgewicht herrscht, eine Art Harmonie ist; andernfalls wird Disharmonie empfunden.

Oder die spezifische Klarsicht kann sich in Gefühlen und Ahnungen äußern: dann werden die Blockierungen, Stimmungen, Sorgen und Freuden des Anderen unmittelbar erfühlt.

Diese verschiedenen Weisen, das Aurabewußtsein auszulegen, werden spezifische Klarsicht genannt. Im allgemeinen ist hierzu spezielle Übung, zum Beispiel mit Farben, Klängen, ätherischen Empfindungen usw. erforderlich.

Wir können sagen: Begegnet ein Mensch einem anderen, ohne sexuelle Bilder und Phantasien zu projizieren, ohne moralisch-emotional zu werten und zu urteilen – sympathisch/unsympathisch, gut/böse, richtig/verkehrt – und ohne mit dem mentalen Apparat zu klassifizieren (Marxist, Christ, Sozialdemokrat, Mann, groß, Briefträger usw.); begegnet also ein Mensch einem anderen ohne diese Schleier und Projektionen, so findet sich in dieser Situation allgemeine Klarsicht. Das Ich wird unter ande-

rem, besser ausgedrückt: vor allem, von diesen drei Stützpfeilern getragen.
Mich selbst kenne ich aufgrund meiner sexuellen Identifikation. Ich kenne und bewahre meine Grenzen durch das emotionale System: Aggression setzt und bewacht die Grenzen meines Ichs, positive Emotionen schützen es in seiner Eigenart, usw. Und im mentalen Prozeß rede ich mich stets mit »Ich« an: ich muß daran denken, Möhren zu kaufen; ich tauge zu nichts, ich will, ich will nicht, ich freue mich, ich erinnere mich, ich hoffe usw.
Wenn das Sexuelle sich in Ruhe befindet, die Emotionen schweigen, das Bewußtsein still ist – dann ist das Ich entlassen, dispensiert. Das Bewußtsein ist meditativ, ein klarer, objektiver Spiegel. Spiegelt dieser Spiegel einen anderen, so tritt allgemeine Klarsicht ein. Der andere wird proportional mit meiner eigenen Selbsteinsicht und Selbstkontrolle durchschaut.

Kapitel 5: Meditation

Symbolisierung

Im Vorhergehenden war viel von Symbolen und Symbolisierungen die Rede. Es gibt, je nach dem zugrundeliegenden Bewußtseinszustand, zwei Typen von Symbolen. Kommen Energie und Inhalt aus dem kollektiven Unbewußten ins Bewußtsein, so symbolisieren sie sich. Das liegt daran, daß das Unbewußte sich in einem Zustand vager, diffuser Einheit befindet. Was aus diesem Bereich kommt, besitzt folglich weitaus größere Weite und Tiefe als die begrenzten, relativ engen und klaren Begriffe und Klassen des Bewußtseins. Die vagen, weitgefaßten Inhalte und Energien aus dem kollektiven Unbewußten werden daher in der Begegnung mit dem Bewußtsein verengt. Das Symbol ist dieser Inbegriff, die verkürzte, eingeengte Ausdrucksform des vagen, breitgefaßten kollektiv unbewußten Materials. Wie wir sahen, kann Meditation über solche Symbole dazu führen, daß das Bewußtsein immer größere Mengen von Energie und Inhalten aus dem kollektiven Unbewußten an sich zieht.
Der andere Typus von Symbolen entstammt dem höheren Bewußtsein. Dieses wird sich immer dann symbolisieren, wenn es sich in tieferstehendem Bewußtsein spiegelt. Auch hier ist das Symbol eine Verengung, ein repräsentierender Inbegriff der mit höherem Bewußtsein verbundenen Informationsmengen und der Klarheit eben dieses Bewußtseins.
Symbole aus dem kollektiven Unbewußten geben eine vagere, weniger präzise, aber reichere organische Einheit wieder. Symbole des höheren Bewußtseins spiegeln eine klarere, präzisere und übergeordnete Einheit. In der aufteilenden, trennenden Struktur des Bewußtseins zeigen sich die vagere wie auch die präzisere Einheit in der Form von Symbolen.
Kollektiv unbewußte Symbole sind aus den Archetypen und

Urbildern des Traumes bekannt, aus Phantasien, Märchen, Mythen und dergleichen mehr. Symbole aus dem höheren Bewußtsein bilden sich im Übergang von höheren Bewußtseinszuständen zu normalem Bewußtsein. Der Inhalt höheren Bewußtseins ist in seiner Dimension real, nicht symbolisch. Wird dieses Bewußtsein aber eingeengt, verliert es an Klarsicht und Licht; wird es zu normalem Bewußtsein gedämpft, so wird sich das, was in der höheren Dimension Wirklichkeit ist, zu Symbolen umbilden. Was in höherem Bewußtsein wirklich ist, ist in tieferstehendem Bewußtsein symbolisch.

Es ist wichtig, das zu verstehen, damit das Ich nicht durch die Erweiterung in höheres Bewußtsein gesprengt oder aufgeblasen wird. Solange das Ich Fundament bleibt, solange es die stetige Basis ist, von der Meditation ausgeht und in die das Bewußtsein zurückkehrt, so lange werden die Erfahrungen in höherem Bewußtsein, wenn sie vom Ich aus wiedererlebt werden, sich symbolisieren.

Wir wollen annehmen, daß eine Persönlichkeit in der Meditation erweitert wird und Licht und Einheit erlebt. Versteht die Persönlichkeit – nachdem das Bewußtsein wieder auf das Ich beschränkt wurde – nicht, daß Licht und Einheit, jetzt vom Gesichtspunkt des Ichs gesehen, Symbole sind, und hält die Persönlichkeit, im Ich zentriert, daran fest, daß sie Licht und Einheit ist, so ist dies falsch, es ist eine Inflation schaffende Vergrößerung des Ego.

Die Wirklichkeit des Erlebnisses ist folgende: Das Ich ist momentan beiseite getreten, das Bewußtsein erweitert, und die Persönlichkeit ist ganz real Licht und Einheit. Fallen Persönlichkeit und Bewußtsein aber ins Ich zurück, so ist diese Aussage, wenn sie nicht symbolisch aufgefaßt wird, falsch. Der Satz und das Gefühl »Ich bin Licht und Einheit« ist nicht wahr. Das Ich ist gerade nicht Licht, nicht Einheit.

Dies mag überflüssig erscheinen für Menschen, die die unbeschreibliche Stärke solcher Erfahrungen noch nicht kennen. Es ist aber eine Tatsache, daß die Intensität höherer Zustände, wenn sie auf das Ich übertragen oder diesem direkt zugeordnet wird, dieses sprengen kann; das Ich kann hier den Boden unter den

Füßen verlieren oder sich selbst als etwas Außerordentliches auffassen. Ein Ich ist aber niemals außerordentlich. Außerordentlich ist, daß das Ich transparent ist, beiseite trat, momentan suspendiert wurde.

Im ersten und zweiten Teil dieses Buches haben wir beschrieben, wie man an Verständnis und Integration von Symbolen arbeitet. Auf höheren meditativen Stufen geht es nun aber um etwas anderes. Hier geht es eben darum, jede Symbolisierung aufzulösen, um höhere Zustände zu erreichen.

Wenn Energie sich verstreut und Bewußtsein sich in Inhalte verliert, so geht Intensität verloren. Auf dem Weg vom Ich-Bewußtsein zu höherem Bewußtsein ist daher jede Symbolisierung eine Anfechtung oder eine Möglichkeit, daß die aufwärts gerichtete Bewegung durch einen Sturz in Symbole, Farben, Bilder, Stimmungen aufgehalten wird. Energie hat – wie auch das Bewußtsein – eine Tendenz zur Eigenabbildung. Sie bewegt sich, projiziert sich von der Latenz zur Realisierung. Das Bewußtsein neigt dazu, Phänomene zu zerlegen und zu zerteilen, um sie zu analysieren, zu verstehen. Energie projiziert sich in Bilder und Symbole. Das Bewußtsein zerlegt Bilder, Symbole und Phänomene, um sie zu verstehen. Diese beiden Grundtendenzen: den Sturz der Energie in Projektion und den des Bewußtseins in Aufteilung, versucht Meditation zu vermeiden.

So sind Träume eine Verstreuung von Energie. Das Ich wird zunächst zu seinem energetisch schwächeren Gegenstück, dem Traum-Ich, herabgeschrieben. Die so vom Ich freigegebene Energie breitet sich aus und aktiviert oder manifestiert sich in den übrigen Elementen des Traumes: Tiere, Tische, Stühle, Menschen, Autos, Gras, Himmel, Handlung usw. Der Traum ist ein Sturz des Bewußtseins, eine Verstreuung von Energie, ein projektiver Zustand.

Auf höheren Meditationsstufen wird daher nicht mehr nur daran gearbeitet, den Traum zu deuten und zu verstehen oder ihn energiemäßig zu integrieren – hier arbeitet man direkt daran, die verstreute Energie wieder zu sammeln. Es geht hier – gerade wie bei anderen mentalen Bildern und Symbolen – darum, sie aufzu-

lösen, die Energie in einen gesammelteren, nicht projizierten Zustand von Latenz und »Intenz« zurückzuführen.
Eine derartige Arbeit mit dem Traum überführt seine Energie und Bewußtseinsform direkt in einen Wachzustand. Bei deutender und energiebezogener Arbeit mit einem Traum bleibt ein Teil der Energie und des Bewußtseins an dessen Zustandsform gebunden. Man kann verstehen, integrieren, bearbeiten, so viel man will, ein Teil des Bewußtseins ist und bleibt im Traumzustand abgeschrieben und gebunden.
Meditation verwandelt die Bewußtseinsform selbst, die den Traum trägt. Dieser wird verwandelt und in den Zustand von Licht gehoben. Das Verfahren ist das gleiche wie bei mentalen Bildern und anderen Symbolisierungen: Die Bewegung wird in entgegengesetzter Richtung durchgeführt. Traum, Bild und Symbol beruhen – aus dieser Perspektive – auf einer projektiven Bewegung von der Latenz zur Form. Energie und Bewußtsein gleiten in Selbstabbildung ab, zerstreuen sich in Form und Inhalt. Meditation heißt, den Faden wieder aufzuwickeln, die Melodie rückwärts zu spielen, die Energie in die Latenz zurückzuholen.
Man sitze vollkommen ruhig und richte die Aufmerksamkeit auf die Tendenz zu Abbildung, Symbolisierung, Traum. Allein die Tatsache, daß die Aufmerksamkeit auf diese Tendenz gerichtet ist – eben in dem Augenblick, da der Sturz, die Projektion in Bild oder Traum, im Entstehen ist – allein diese Tatsache der Aufmerksamkeit hält den Prozeß an und bringt die Energie nach innen zu Latenz, nach oben zu Intensität.
Kann die Aufmerksamkeit genügend lang in diesem Zustand gehalten werden, so wird die Energie, die sich sonst in Bildern, Symbolisierungen und Träumen zerstreuen würde, akkumuliert; und diese Akkumulation hebt das Energieniveau an. Die derart potenzierte Energie wird in Klarheit umgesetzt, da sie nicht in Zerstreutheit und bildhafte Unklarheit zerfällt. In ihrem gesammelten, einbehaltenen Zustand verstärkt sie die Klarheit und Transparenz der Aufmerksamkeit oder des Bewußtseins. Dieser Prozeß wird das Bewußtsein von selbst in höhere Zustandsformen heben.

Das Bewußtsein ist nicht mit seinen Inhalten identisch. Aber das normale Bewußtsein ist in seine Inhalte versunken. Im allgemeinen kennt es sich selbst kraft der Identifikation mit diesen. Es ist ein Spiegel; aber ein Spiegel ist nicht dasselbe wie die Bilder, die sich in ihm spiegeln.

Meditation heißt, das Bewußtsein von seinen Inhalten freizuhalten, oder, alle Inhalte und Bilder in die Bewußtseinslatenz zurückzuführen, aus der sie entstanden sind. Bilder in einem Spiegel entstehen bekanntlich nicht aus diesem. Die Bilder im Spiegel des Bewußtseins aber verwenden dieselbe Latenzenergie, dasselbe Latenzbewußtsein, aus dem auch der Bewußtseinsspiegel entstanden ist. Werden Bilder, Symbole und Träume in einem Latenzzustand gehalten, fließen ihre Energie und ihr Latenzbewußtsein statt dessen in das spiegelnde aufmerksame Bewußtsein und verstärken die Klarheit in diesem.

Auf solche Weise mit Träumen zu arbeiten ist aber erst dann praktisch möglich, wenn das Bewußtsein meditativ darin geübt ist, die gewöhnlichen, mentalen, wachen Bilder und Symbole in einem Zustand der Latenz zu halten. Erfahrung lehrt das Bewußtsein, daß mentale Inhalte ein Zerstreutsein sind, das auf Projektion und Sichtbarmachung latenter potentieller Energie oder ebensolchen Bewußtseins beruht.

Die einfache Technik läuft darauf hinaus, die latente unbewußte Energie, die schon kraft ihres Unbewußt-Seins bewußtseinsmäßiger Art ist, in die spiegelnde Leere des Bewußtseins zu überführen, statt ihr zu erlauben, daß sie sich in Inhalte und Bilder, Symbole und Träume umsetzt und zerstreut. Hierdurch wird das Unbewußte direkt in spiegelndes Bewußtsein verwandelt, statt sich in Bildern und Inhalten zu verlieren. Das Bewußtsein wird nicht verstärkt oder potenziert durch bildhafte Visualisierung des Unbewußten. Wird dieses auf natürliche Weise in Symbolen, Bildern, Phantasien und Träumen sichtbar gemacht, so fällt das bewußtseinsmäßige Potential in ihm nicht dem Bewußtsein zu, hebt dieses nicht an.

Eine Beschäftigung mit dem Verständnis des Sinnes von Träu-

men und des Inhaltes von Bewußtsein wird folglich nicht zu höherem Bewußtsein führen.
Folgt das Unbewußte seinem eigenen natürlichen Rhythmus, so wird es langsam, mit der unendlichen Geduld der Evolution, das Bewußtsein potenzieren, so wie die Evolution schon das Ich-Bewußtsein erschaffen hat.
Durch Meditation wird die Aufmerksamkeit auf den Punkt gerichtet, wo das Unbewußte sich in Träume und Symbole umsetzt. Dieser Punkt, diese Tür wird geschlossen. Die Tendenz wird automatisch vom meditativen Spiegel des Bewußtseins angehalten und in diesem Fall wird die Energie, die sich im Unbewußten findet, den aufwärts strebenden, qualitativen Weg wählen und das Bewußtsein zu höherem Bewußtsein potenzieren.

Denken

In der Schulzeit wurde mein Ich von zwei Fragen gefesselt: Wo kommen die Gedanken her? Und: Wo geht das Bewußtsein hin, wenn der Schlaf beginnt?
Beobachtete Gedanken erscheinen immer als völlig abgeschlossen. Wie sehr man auch versucht, sich ihrer Herkunft oder ihrer Herausbildung bewußt zu werden, ihr Ursprung scheint sich der Aufmerksamkeit zu entziehen. Die Beobachtung von Gedanken verstärkt anscheinend selbst deren Anzahl, Breite und Tempo. Sie scheint ihnen Energie zuzuführen. Vermutlich hat dieser Tatbestand die Denker dazu geführt, Gedanken als eine Urtatsache anzunehmen.
Philosophen und Psychologen beginnen mit einer Voraussetzung, die selten von ihnen untersucht wird: mit der Tatssche, daß sich im Bewußtsein Gedanken finden. Dieser mentale Strom von Worten, Bildern, Gefühlen, Empfindungen, Intuitionen, inneren Monologen, logischen Überlegungen wird Gedanken genannt. Und Gedanken sind, so scheint es, der Grundstoff des Denkenden. Die Philosophie des Denkens trägt also nur wenig zur

Klärung der Frage bei, woher die Gedanken selbst kommen. Jedoch wird intensive Beobachtung von Gedanken allmählich zwei Entdeckungen mit sich führen: Zum einen gibt es Raum zwischen den Gedanken. Und zum anderen ist das Bewußtsein etwas anderes als Gedanken. Es ist nämlich möglich, die eigenen Gedanken zu beobachten. Und die beobachtende Funktion – das Bewußtsein über die Gedanken – ist nicht selbst ein Gedanke. So schnell die Gedanken auch wechseln mögen, sie kommen und gehen, und zwischen ihnen findet sich ein Abstand, eine Zäsur.

Diesem elementaren Phänomen scheinen die westlichen Philosophen wenig Aufmerksamkeit gewidmet zu haben. Weder bei Kant noch bei Aristoteles – und diese beiden sind meiner Meinung nach die hervorragendsten Denker des Westens – finden sich tiefgehende Betrachtungen darüber, was zwischen den Gedanken geschieht oder was Bewußtsein ist, wenn es von seinem Inhalt an Gedanken getrennt wird. Kant, Aristoteles, Hegel und Kierkegaard legen alle das Gewicht auf die aufteilende Funktion des Bewußtseins; diese Funktion erläutert nun zwar, daß Gedanken getrennt sind, nicht aber, woraus ihr Zwischenraum besteht oder woher ihr Material kommt. Die Tiefenpsychologen – Freud und Jung – entdeckten, daß Gedanken aus dem Unbewußten kommen; hierdurch gaben sie dem Rätsel einen Namen, lösten es aber nicht.

Um hier weiterzukommen, ist es erforderlich, die Aufmerksamkeit auf den Raum zwischen den Gedanken oder auf das beobachtende Bewußtsein selbst zu richten. Ruht sie nämlich auf den Gedanken, den einzelnen Gedanken, so werden sich diese nur verstärken und ins Unendliche vermehren. Ruht die Aufmerksamkeit dagegen über längere Zeit auf dem Raum zwischen den Gedanken oder auf der Funktion des Beobachters, so neigt die Persönlichkeit dazu, einzuschlafen. Die Gedanken werden in Bilder und Träume aufgelöst oder das Bewußtsein wird verschleiert und gedämpft, und schlafähnliche Zustände treten ein.

Die zweite Grundfrage war, was aus dem Bewußtsein wird, wenn

Schlaf eintritt. Es erscheint rätselhaft, daß das Bewußtsein verschwinden kann, um am nächsten Morgen wieder da zu sein, und dies in unbegreiflicher Kontinuität mit dem Ort, der Welt, die am Abend verschwand. Es ist dieselbe Person und auch die Umgebung ist dieselbe – vor wie nach dem nächtlichen Tiefschlaf. Schlaf ist offenbar ein Zwischenraum, ein radikaler Bruch im Zusammenhang von Bewußtsein und Gedankenstrom. Diesen Mechanismus müssen wir, um ihn zu verstehen, genauer beobachten. Nun ist es zwar möglich, den abendlichen Prozeß des Einschlafens zu beobachten, im allgemeinen wird dies aber damit enden, daß der Schlaf gewinnt, und das Experiment wird unfreiwillig abgebrochen. Jedoch läßt sich das Einschlafen meditativ untersuchen. Morgens oder aber, wenn man sonst hellwach und ausgeruht ist, kann man sich meditativ niedersetzen und das zu tun versuchen, was man beim Einschlafen tut – oder gerade nicht tut. Auf diese Weise ist es möglich, mehr darüber zu erfahren, was geschieht, wenn das Abrutschen in den Schlaf eintritt. Dabei wird sich zeigen, daß Meditation darüber, woher die Gedanken kommen und wo das Bewußtsein während des Schlafes bleibt, zu derselben Grenze führen. Man entdeckt, daß die Gedanken außerhalb des Ichs beginnen, und daß der Schlaf das Ich auflöst.

Die Frage, woher die Gedanken kommen und wohin das Bewußtsein im Schlaf verschwindet, entsteht also und erweist sich als unlösbar, weil das Bewußtsein mit dem Ich identifiziert ist. Um weiterzukommen, muß eine Trennung zwischen Ich und Bewußtsein erarbeitet werden. Das Ich ist näher mit den Gedanken verwandt als diese und das Ich je für sich mit dem Bewußtsein, und was da einschläft, sind weitaus eher das Ich und die Gedanken als das Bewußtsein. Aber die Identifikation von Ich, Bewußtsein und Gedanken bewirkt, daß das Ich und die Gedanken in ihrem Abrutschen in den Schlaf das Bewußtsein mitreißen.

Eine Differenzierung zwischen Ich und Gedanken einerseits und Bewußtsein andererseits wird eingeübt, indem wir den Ursprung der Gedanken wie auch des Einschlafens meditativ beobachten. In bezug auf die Gedanken erfolgt dies dadurch, daß die Aufmerksamkeit auf den Raum zwischen den Gedanken gerichtet, oder ihr Schwerpunkt von den Gedanken in das beobachtende Bewußtsein verschoben wird.

Dies ist der erste Schritt in der Meditation. Niemand kann diese Phase überspringen, wenn er das Bewußtsein zu höherem Bewußtsein hin üben will. Täglich eine halbe Stunde über drei bis fünf Jahre ist das Minimum, um den Unterschied zwischen Bewußtsein und Ich, sowie Gedanken und Schlaf zu entdecken, zu erfahren und festzuhalten.

Je ausgeglichener ein Mensch ist, d. h. je mehr Selbsteinsicht, energetisches Strömen und Stabilität es in seiner Persönlichkeit gibt, desto leichter lassen die Gedanken sich untersuchen und zum Innehalten bringen. Folgendes geschieht nämlich: Wenn das Bewußtsein meditativ auf dem Raum zwischen den Gedanken oder auf sich selbst in seiner beobachtenden, spiegelnden Funktion ruht, enden die Gedanken von selbst und verraten, woher sie kommen. Sie entstehen als Funken zwischen zwei Polen. Der eine ist die Unbewußtheit, der andere das Bewußtsein. Ein Gedanke ist die Auslösung des Spannungsunterschiedes zwischen Bewußtem und Unbewußtem.

Bleiben wir auf der deutungsgebundenen Ebene, so werden Gedanken und Bewußtseinsinhalte interessant und wichtig um deswillen, was sie sind und bedeuten. Fassen wir das Denken energetisch auf, so entdecken wir, daß dieser mentale Strom von Wörtern, Bildern und Inhalten ein Entladungsphänomen ist. Gedanken entstehen, um die Spannung zwischen Bewußtem und Unbewußtem aufzulösen.

Die meditative Stille, die entsteht, wenn die Aufmerksamkeit auf Gedankenzwischenräumen, Schlaf oder spiegelnder Funktion des Bewußtseins ruht, bremst auf natürliche Weise das Denken als ein Entspannungs- oder Entladungsphänomen.

Meditation verstärkt daher die Spannung zwischen Bewußtem und Unbewußtem. Diese Intensität wird nicht durch Denken entladen, weshalb sie gezwungen ist, einen anderen Ausweg zu suchen. Dieser wird in einer Potenzierung des Bewußtseins gefunden. Die Spannung kann weder im Unbewußten noch im

Bewußtsein gelöst werden, und auch nicht durch das Sicherheitsventil des Gedankenstroms. So zwingt sie schließlich das Bewußtsein über sich selbst hinaus ins höhere Bewußtsein, wo sie in Klarheit, Transparenz oder Licht umgesetzt wird.

Soweit aus energetischer Sicht. Weit schwieriger ist es dagegen, diese Erfahrungen und Sachverhalte auf der Ebene des Bewußtseins auszudrücken. Ich und Denken sind sprachliche Phänomene. Außerhalb des Ichs gibt es keine Sprache. Selbst Symbolisierung ist, wie wir sahen, eine Spiegelung von Höherem in Tieferem, oder eine Spiegelung von Weite in Enge. Im höheren Bewußtsein gibt es keine Worthaftigkeit, wie wir sie aus dem Ich und dem Denken kennen. Daher können wir Sprache nur auf der niedrigeren Ebene von Sinn und Energie verwenden, nicht auf der des höheren Bewußtseins. Hier kann sie nur als »Finger« verstanden werden, der auf eine höhere Wirklichkeit hinweist.

Wir wollen nun in einigen Bildern diese Stille oder dieses höhere Bewußtsein andeuten – und daran denken, daß es sich um vage, ungenaue Andeutungen eines Sachverhalts handelt, der jenseits von der Sprache steht und in sich selbst größere Klarheit besitzt als das gewöhnliche Bewußtsein.

Das Ich ist eine Art Einengung, ein Hindernis zwischen zwei kollektiven Energiefeldern. Wird es in der Meditation transparent durch das Innehalten der Gedanken, so strömen diese zwei Felder durch das Loch, in dem das Ich bisher saß und sperrte. Dieses Durchströmen wird als kosmische Einheit erlebt.

Das Ich-Bewußtsein ist eine Abgrenzung zwischen dem kollektiven Unbewußten und dem kollektiven höheren Bewußtsein. Wird das Ich durch meditative Stille vorübergehend aufgehoben, so erweitert sich das Bewußtsein und umfaßt die kollektiven Bewußtseinsfelder.

Das Ich-lose meditative Bewußtsein ist ein kosmischer Unterdruck, der Energie von überall dazu zwingt, durch das Öhr des Bewußtseins zu strömen.

Zwischen kollektivem Unbewußtem und kollektivem Höherbewußtem gibt es keinen Unterschied. Mental finden sich Unterschiede zwischen Bewußt und Unbewußt, zwischen Hell und

Dunkel. In höherem Bewußtsein gibt es keinen Unterschied. Für das Denken gibt es einen Unterschied zwischen einer persönlichen Entwicklung und ihrem Nichtvorhandensein. Aus höherer Perspektive gibt es keinen Unterschied. Für das Denken existieren Unterschiede zwischen höherem und tieferem Bewußtsein, zwischen Einheit und Unterschiedlichkeit. In der Meditation gibt es keinen Unterschied, in der Meditation gibt es keine Meditation. Ist dieser Zustand permanent, so ist die Persönlichkeit erleuchtet. Wir anderen können daran arbeiten, dies momentweise zu erleben.
Meditation heißt: die Aufmerksamkeit auf die Leere zwischen den Gedanken oder auf die spiegelnde Funktion des Bewußtseins richten. Hierdurch fallen Gedanken, Bewußtseinsinhalte und Ich in den Schlaf ab, lassen aber die Transparenz des Bewußtseins bestehen. Selbst äußerst kurze Augenblicke dieses Zustandes, der weder lärmend noch leuchtend noch dunkel ist, weder das eine noch das andere; selbst Bruchteile von Sekunden in diesem Zustand werden allmählich die Persönlichkeit verändern.
In diesem Zustand existiert Leere, Transparenz; sobald die Persönlichkeit aber in das Ich zurückkehrt, ist ihr Zustand durch die aufteilende Funktion des Bewußtseins gefüllt mit Information, Wissen, Licht, Glücksempfinden.
Die höheren Zustände symbolisieren sich im Ich durch die positiven Pole von Dualitäten. Die Schwierigkeit ist, daß es in den Zuständen selber keine Polarität gibt. Meditation transzendiert alle Dualität: physische, geschlechtliche, moralische, emotionale, logische.
Die Fragen über die Herkunft von Gedanken und den Verbleib des Bewußtseins während des Schlafes lassen sich nicht durch das Studium der westlichen Denker und der tiefenpsychologischen Arbeiten über Traum und Schlaf beantworten. Sie sind Türen aus dem Ich und dem Bewußtsein heraus. Ihre Beantwortung kann nur durch Meditation erfolgen, und es ist die Arbeit daran, die das Bewußtsein über das Ich hinaushebt in höhere Zustände.

Zeit

In seiner «Abschließenden unwissenschaftlichen Nachschrift« sagt Sören Kierkegaard: »Wenn das Existieren sich nicht denken läßt und der Existierende doch denkt, was will das sagen? Es will sagen, daß er momentweise denkt, er denkt voraus, und er denkt hinterher. Die absolute Kontinuität kann sein Denken nicht erreichen.«

Denken findet sich in der Zeit; Denken, als Abfolge einzelner Gedanken verstanden, es ereignet sich in der Zeit. Um einen Gedanken zu denken, muß ich ihn von mir geschoben haben. Denken hält sich in der Vergangenheit oder in der Zukunft auf, nicht im Jetzt. Der Raum zwischen den Gedanken dagegen befindet sich im Jetzt. Zwischen Gedanken gibt es einen Unterschied; selbst bei einer mantrischen Wiederholung desselben Gedankens: Stop, Stop, Stop . . . sind die einzelnen Gedanken numerisch voneinander verschieden. Die Zwischenräume dagegen sind relativ leer. Und zwei Leeren sind nicht im eigentlichen Sinn unterschiedlich. Alle die verschiedenen Zwischenräume zwischen den Gedanken sind auf ihre Weise identisch. Es ist ein und dieselbe Leere, die sich durch die verschiedenen Zwischenräume manifestiert.

Meditative Erfahrung zeigt, daß ein Mensch selbst wählen kann, wo er sich befindet. Man kann wählen, in den Gedanken entweder vorwärts zu sein in der Zukunft oder rückwärts in der Vergangenheit. Man denkt entweder an die Vergangenheit in Erinnerungen, Kummer, traumatischen Bindungen, schlechtem Gewissen und dergleichen mehr; oder an die Zukunft in Plänen, Hoffnungen, Sehnsüchten, Wünschen, Ahnungen, Sorgen. Es ist aber auch möglich, den Aufenthalt im Jetzt zu wählen: in den Räumen zwischen den Gedanken. An diesem Ort hält die mentale Aktivität inne. Dies ist der Grund, weshalb man so wenig im Jetzt ist. Man denkt sozusagen unaufhörlich. Beim Essen denkt man – und nicht einmal an das, was man ißt. Beim Gehen und Sitzen, beim Stehen und Ruhen denkt man – aber wiederum nicht an das, was man tut. Ist man aber zeitidentisch mit seinem Tun und

Lassen, so befindet man sich eben dadurch im Raum zwischen den Gedanken. Diese können nicht mit dem, was man ist oder tut, gleichzeitig sein. Das Bewußtsein, in seiner Verschiedenheit von den Gedanken, kann aber zeitgleich sein mit dem, was man ist und tut; und dies ist es notwendigerweise.

Meditation bedeutet daher schlicht und einfach, daß das Bewußtsein mit dem, was man ist und tut, gleichzeitig ist. Meditation ist Gleichzeitigkeit. Denken ist vergangenheits- oder zukunftsgerichtet. Kierkegaard sagt, daß der Augenblick das Atom der Ewigkeit, nicht das der Zeit ist; und meditative Erfahrung kann dies bestätigen.

Leere oder Ewigkeit befindet sich im Raum zwischen den Gedanken, in der Gleichzeitigkeit mit dem, was man ist und tut.

Meditation ist und bewirkt verstärktes Da-Sein im Jetzt. Sie ist der Zerstreuung genau entgegengesetzt; sie bedeutet, präsent zu sein, während Zerstreuung bedeutet, abwesend zu sein, sich an vielen Stellen gleichzeitig zu befinden: Man ißt und redet und fühlt – und tut diese drei verschiedenen Dinge zu gleicher Zeit. Meditation tut nur eines, dies aber voll und ganz.

Viel war bisher hier die Rede von Katharsis, Wiedererleben und Abreagieren vergangener Wunden, Blockierungen und Traumata. Wichtig ist aber, zu verstehen, daß Katharsis nur der erste und relativ leichte Teil der entwicklungsmäßigen Arbeit ist.

Ein Trauma, ein schlimmes Erlebnis, eine Wunde, eine Verdrängung hat zwar einen Ort in der Vergangenheit. Jede Bindung daran wird aber vom Jetzt aus aufrechterhalten. Die alte Wunde oder vergangene Frustration ist – aus höherer Perspektive gesehen – nur ein Anlaß für die Persönlichkeit, das Jetzt dadurch zu entspannen, daß sie Energie in diese vergangenen Begebenheiten zurück-investiert.

Vergangenheit und Zukunft entstehen und werden am Leben gehalten durch Projektion von Energie aus dem Jetzt. Es ist die mangelnde Fähigkeit, im Jetzt zu sein, oder der fehlende Wille, dies zu akzeptieren, was die Energie, Aufmerksamkeit und Gedanken aus dem Jetzt hinaus in die Vergangenheit zurück-

oder in die Zukunft voranzwingt. Vergangenheit und Zukunft dienen als Vorwand, dem Jetzt zu entfliehen; dem, was man ist; der Situation, in der man sich befindet. Diese Gedankenflucht ist Gewohnheit geworden, ein Teil des Wesens von Bewußtsein. Das Bewußtsein hat sich in den Gedanken verloren und vergessen, und hierdurch verliert es sich in Vergangenheit oder Zukunft.

Das Denken entzieht daher dem jetzt Energie und Intensität. Der Preis für seine Klarheit ist, daß die Gleichzeitigkeit, das Jetzt, verlorengeht. Zunächst muß ein Mensch in die Zeit kommen, sie füllen und sie vergehen lassen. Etablierung des Ichs, und Entfaltung und Leben in der Zeit, sind notwendige Voraussetzungen für die Arbeit an höheren Bewußtseinszuständen, in denen es dann um Existenz, Sein und Selbst geht, nicht mehr um Ich, Denken und Konkurrenz.

Identifiziert sich das Bewußtsein mit den Gedanken, so wird es großenteils in Vergangenheit und Zukunft verschoben. Es entfernt sich aus dem Jetzt, welches folglich unbewußt wird. Ein ganz normaler Mensch, mit seiner mentalen Aktivität und seinem Ich, ist im Jetzt gerade unbewußt. Sinn und Zweck des Lebens liegen für ihn in weiter Zukunft, wenn viele Probleme gelöst sind, viel Arbeit getan ist. Das Jetzt ist nichts, es mag nur vergehen, damit die Zukunft Sehnsüchte und Bedürfnisse einlösen kann.

Der Sinn des Lebens – wenn es einen solchen gibt – kann aber nur im Jetzt liegen, in diesem Jetzt, nicht etwa in einem, das in 14 Tagen sein wird. Liegt der Sinn in der Zukunft, so gibt es keinen. Lag er in der Vergangenheit, so ist das Dasein sinnlos.

Sinn ist Intensität und Dasein im Jetzt, und dies wird durch Meditation erreicht. Hier fließt die Energie aus Vergangenheit und Zukunft in das Jetzt zurück. Sie, die in Kummer und Bindungen, Pläne und Probleme investiert war, strömt herein und füllt das Jetzt, verstärkt Intensität und Bewußtsein in ihm.

Im Jetzt gibt es keine Probleme. Ein Problem entsteht dadurch, daß das Bewußtsein sich aus dem Jetzt entfernt. Man vergleicht mit Vergangenem oder man hofft oder begehrt etwas anderes.

Das Bewußtsein entgleitet den Tatsachen des Jetzt. Und diese können, aus der Vergangenheit oder Zukunft des Denkens gesehen, zu einem Problem werden. Da liegt zum Beispiel ein Mensch im Sterben. Dies ist eine Tatsache. Daß es als Problem, als Unglück aufgefaßt wird, liegt daran, daß das Bewußtsein sich aus dem Jetzt, aus den existentiellen Umständen entfernt und vergleicht, wünscht usw. So entsteht das Problem durch Vergleichen. Im meditativen Bewußtsein gibt es daher keine Probleme, sondern nur Tatsachen. Und eben dies ergibt Intensität und Gleichzeitigkeit.
Höheres Bewußtsein läßt sich in Vergangenheit oder Zukunft nicht finden. Es ist nur möglich und wirklich im Jetzt. Man könnte sagen, daß Meditation eine Qualität des Jetzt ist. Sobald das Bewußtsein sich dem Jetzt nähert, halten die Gedanken inne, und das Unbewußte im Jetzt wird durch höheres Bewußtsein ersetzt. Ist die Persönlichkeit im Jetzt gegenwärtig, ist das Bewußtsein von selbst meditativ. Das Unbewußte befindet sich immer im Jetzt, das Bewußtsein dagegen nur in der Meditation. Findet sich Bewußtsein meditativ im Jetzt, so wird dessen Unbewußtheit angehoben und zu höherem Bewußtsein verwandelt. Meditation oder höheres Bewußtsein ist folglich ein Transzendieren von Bewußtheit und Unbewußtheit im Jetzt.

Essenz

Man könnte sagen, daß der physische Körper die Manifestationsform der Essenz oder ihre Zustandsform im Wurzelchakra ist. Das kollektive Unbewußte und die Sexualität sind ihre Zustandsform im Harachakra. Emotion und Astralität sind ihre Spiegelung im Solarplexuszentrum. Das Jungsche Selbst ist ihre Manifestation im Herzzentrum. Das höhere Selbst ist die Essenz, durch Hals- und Augenbrauenzentrum gesehen, und die Essenz selbst ist die im Kronenchakra verankerte und ausgedrückte Persönlichkeit.

Individuation ist die sich vom Wurzelchakra zum Herzzentrum bewegende Zentrierung der Persönlichkeit. Höheres Bewußtsein ist ihre weiter aufwärts durch die übrigen Chakren sich entwikkelnde Zentrierung.

Betrachtet man die Manifestation oder Symbolisierung der Essenz eines Menschen im Identitätspunkt über dem Scheitel, so zeigt sich bemerkenswerterweise, daß diese Symbole oder Ausdrucksformen anscheinend immer mit Meditation verbunden sind. Das höhere Selbst scheint sich in beständiger Meditation zu befinden, ohne Rücksicht auf das sonstige Verhältnis von Ich und Bewußtsein zur Meditation.

Diese Beobachtungen haben uns zu der Annahme geführt, daß die Evolution selber eine Art Meditation ist. Das Selbst ist bekanntlich ein Begriff, der das Gefühl oder Erlebnis eines Zieles, eines Telos im Menschenleben wiedergibt. Der spontane, natürliche Prozeß der Individuation scheint zielgerichtet zu sein, und dieser Sachverhalt wird in dem Begriff ausgedrückt, daß der Mensch ein Selbst oder ein höheres Selbst hat, das auszudrücken oder sich ihm zu nähern der Sinn des Lebens ist.

Das höhere Selbst oder die Essenz meditiert und ist somit eine Erscheinungsform des Jetzt oder eine solche in ihm. Je gegenwärtiger ein Mensch im Jetzt ist, desto konkreter drückt sich die Essenz aus.

Soweit das Jetzt nicht dem Denken angehört oder das Denken als Bewußtsein vom Jetzt entfernt, läßt sich sagen, daß die Essenz im Außer-der-Zeit-Sein ewig gegenwärtig ist und sich nicht denken läßt. Sie kann nur meditativ-existentiell ausgedrückt werden und wird sich so von selbst im Jetzt ausdrücken.

Die Schwierigkeit ist, daß das Denken selbst, das Mentale, eine Manifestation der Essenz ist, die sich zugleich eben nicht denken läßt. Die Essenz im Menschenleben ist Meditation. Vollkommene existentielle Abwesenheit im Jetzt ist Meditation. Die Essenz ist daher identisch mit der Existenz. Und diese genau verwirklichte Einheit ist Meditation oder höheres Bewußtsein.

Der Zeuge

Der Zeuge ist die Bewußtseinsform, die weiß, was ist. Man ist oder tut etwas. Und gleichzeitig kann das Bewußtsein von diesem Sein oder Tun wissen. Normalerweise weiß es erst hinterher, was geschah. Der Zeuge ist nur im Jetzt möglich.
In neuerer Zeit hat Rajneesh viel über die Bewußtseinsform des Zeugen als primäre Technik und Übung zur Entwicklung höheren Bewußtseins gesagt.
Der Zeuge ist objektiv, verstanden dahin, daß er nicht urteilt, ob etwas sympathisch oder unsympathisch, gut oder schlecht, richtig oder falsch ist. Der Zeuge weiß; er urteilt nicht und wertet nicht. Er ist die reine, spiegelnde Funktion des Bewußtseins.
Krishnamurti nennt diese Bewußtseinsform in seinem *Notebook* »choiceless awareness«: wahlfreie Aufmerksamkeit. Wahlfrei im Gegensatz zur dualistischen, wertenden und wählenden Bewußtseinsform.
Christus hat diese Entwicklungstechnik gegeben: »Richtet nicht«. Mehr ist nicht nötig. Erst gilt es zu entdecken, in welchem Maße, wie oft und wie unbewußt man fortwährend richtet, wertet und wählt. Dann übt man sich darin, es sein zu lassen. Eckehart wandte diese Technik an und übte sich darin, alles, was geschah, als Gottes Gabe aufzufassen. Ich verliebe mich, das kommt von Gott. Ich werde krebskrank, das ist ein Geschenk Gottes. Wird dieses meditativ eingeübt, so erlangt man höheres Bewußtsein.
In den apokryphen Schriften sagt Christus: »Selig sind, die wissen, was sie tun«. Dies ist die Bewußtseinsform des Zeugen.
Meditieren läßt sich in diesem Zusammenhang sehr präzise als Zeuge-sein definieren. Um diesen Zustand einzuüben, hat der Osten zunächst eine Basis in der Persönlichkeit für ihn zu schaffen versucht. Buddha wandte das Atmen an. Die Grundübung war, sich des Atmens zu erinnern, wenn man ging, stand, aß, sprach. Beständig des Atmens zu gedenken. Diese fortgesetzte Wachheit gibt die Grundlage für die Bewußtseinsform des Zeugen.

In Taoismus und Zen wurde die Zentrierung im Hara als Basis für den Zeugen eingeübt. Der Zweck von Tai Chi zum Beispiel ist, daß das Bewußtsein ständig im Harachakra ruht, was der Körper sonst auch tun mag. Übungen an Chakren und Energieanbahnung haben letztlich denselben Zweck: eine Basis zu schaffen für das, war Gurdijeff »Selfremembrance« nannte, – sich selbst im Gedächtnis zu behalten in allem, was man ist und tut. Ein Zen-Meister wurde gefragt: »Welche Wunder kannst du tun?« Und Meister Bankei antwortete: »Mein Wunder ist: Wenn ich hungrig bin, esse ich. Bin ich durstig, so trinke ich.« Das Wunder, die Meditation ist, Zeuge zu sein, *ein* Ding zu tun und zu wissen, daß man tut, was man tut, während man es tut.
Daß zunächst im Körper oder in der Persönlichkeit eine Basis für den Zeugen eingeübt wird, hat seinen Grund darin, daß es in der Praxis ohne dieses Zentrum oder diese Grundlage nicht möglich ist, die spiegelnde Bewußtseinsform des Zeugen länger als für Sekunden zu halten. Alle können Zeuge sein, niemand aber ist es, außer momentweise.
Die Einübung eines Fixpunktes (ein Chakra, der Atem, die Zentrumslinie) ermöglicht, daß das Bewußtsein diese Zustandsform länger und länger hält. Man kann ein einfaches Experiment durchführen. Während dieser Text gelesen wird, kann man sich beständig zu erinnern versuchen, daß man liest. Man wird erfahren, daß das schwierig ist. Wird der doppeltgerichteten Aufmerksamkeit dadurch Hilfe gegeben, daß sie sich auf einen inwendigen Punkt, zum Beispiel das Hara, stützt, so wird man sehen, daß es leichter wird.
Manche Schulen des Zen üben sich im Bogenschießen. Wird der Pfeil auf die Sehne gelegt, richtet die Aufmerksamkeit sich gleichzeitig nach innen auf das Harachakra. Wird er abgeschossen und trifft die Scheibe, so trifft gleichzeitig die Aufmerksamkeit das Hara. Die Idee dieser Übung ist folgende: Jedesmal, wenn der Pfeil des Bewußtseins nach außen in die Welt gerichtet wird, soll die Aufmerksamkeit gleichzeitig irgendwo im Subjekt ruhen. Das Bewußtsein soll im Gleichgewicht zwischen Subjekt und Objekt sein, es soll beide gleichzeitig umfassen.

Im allgemeinen sind wir ins Objekt verloren. Das Bewußtsein ist intentional, es ist identisch mit seinem Inhalt, seinem Objekt. Oder aber es ist nur nach innen gerichtet, man ist für die Umwelt verloren. Keines dieser Extreme ist Meditation. Die Meditation des Zeugen besteht darin, daß das Bewußtsein anfänglich gleichzeitig nach außen und nach innen gerichtet ist. Später wird diese Bewußtseinsform durch Übung dahin erweitert, Objekt wie auch Subjekt in den entschieden höheren Bewußtseinszuständen zu transzendieren.

Dies ist überaus einfach. Es wäre auch höchst unbegreiflich, wenn Meditation kompliziert wäre. Die Schwierigkeit ist nicht, zu verstehen, was Meditation ist, sondern nur, dies auch in der Praxis durchzuführen. Wie wir oben sahen, erscheint die Annahme begründet, daß die Natur selbst sich in Meditation befindet. Darum sollte es auch einfach und natürlich sein, dies bewußt nachzutun. Das höhere Selbst in jedem Menschen meditiert. Das Bewußtsein kann dem Selbst diese Kunst unmittelbar nachmachen. Der entscheidende Punkt ist aber, dies wirklich zu tun. Die Schwierigkeit liegt darin, diese Übung des eigenen Bewußtseins zu beginnen. Die gestellte Aufgabe ist, sich darin zu üben, von dem, was man ist und tut, zu wissen, während man es ist und tut. Dies ist keine intellektuelle Übung, kein Denken, es ist nicht kompliziert. Meditation ist existentielle Übung des Bewußtseins in der Spiegelung dessen, was ist.

Höheres Bewußtsein heißt, sich genau dessen bewußt zu sein, was ist. Rollen und Schatten, Emotion und Projektion, Traum und Schlaf, Vergangenheit und Zukunft: alle diese Dinge halten das Jetzt und seine Tatsachen im Unbewußten verborgen. Energie und Licht des Jetzt sind in Gedanken, im Traum, in Vergangenheit und Zukunft, in Projektionen und Illusionen zerstreut. Meditation heißt, diese verstreute Energie zu sammeln, sie im Jetzt zu vereinen; und dies verleiht dem Jetzt eine Intensität und ein Licht, welche sprachlich zu beschreiben nicht möglich ist. In Momenten höheren Bewußtseins ist das Jetzt kosmisch und mit Liebe gefüllt. Die Tatsachen des alltäglichen Lebens strahlen mit übersinnlichem Glanz.

Meditation beginnt damit, sich dessen bewußt zu sein, was man ist und tut, während es geschieht. Womit Meditation endet, das läßt sich nicht beschreiben, nur erfahren.

Schluß

Die Beschreibungen dieses Buches zu Träumen, Chakrasymbolen und Meditation beruhen primär auf eigenen Erfahrungen, sekundär auf den Erfahrungen, die wir in der Arbeit mit anderen Menschen und ihrem Entwicklungsprozeß gesammelt haben.
In Verbindung mit der Untersuchung aurischer Phänomene habe ich mich außerdem rein persönlich auf die Zusammenarbeit mit Hanne Bertelsen stützen können. Längere Zeit hindurch haben wir Gelegenheit gehabt, entwicklungsmäßig mit denselben Menschen zu arbeiten; dabei beschäftigte Hanne sich körperlich-aurisch mit ihnen, während ich mit Träumen, Aura und Meditation arbeitete. In zahlreichen Einzelfällen konnten wir unsere Erfahrungen vergleichen und korrigieren; und das hatte besonders im Hinblick auf das spezifische Gebiet der Aura große und erhellende Bedeutung für eine Kontrolle der möglichen Objektivität dieser Bewußtseinszustände.
Abschließend ist zu erwähnen, daß ich auch bezüglich des letzten Teiles dieses Buches Robert Moore Dank schulde für die Inspiration, die er gab, auch was diese Bewußtseinszustände angeht.

Højbjerg, Juni 1981 J. B.
Nørre Snede, April 1987

Literatur

Aeppli, Ernst: Der Traum und seine Deutung. München: Droemer-Knaur, 1984.

Andreae, Valentin (Christiani Rosenkreutz): Chymische Hochzeit. Stuttgart: Calwer. ^{2}1976.

Becker, Raymond de: The Understanding of Dreams. London: Allan and Unwin, 1968.

Campbell, Joseph: Lebendiger Mythos. München: Goldmann, 1988.

Cayce, Edgar: On Dreams. New York: Warner, 1976.

Corriere und Hart: Lebendiges Träumen. Heidelberger Verlagsservice, 1987.

Eliade, Mircea: Geschichte der religiösen Ideen. 3 Bde. Freiburg: Herder, 1981.

– Schamanismus und archaische Ekstasetechnik. Frankfurt/Main: Suhrkamp, 1975 (st w 126).

Ewans-Wentz, W. Y.: Tibetan Yoga and Secret Doctrines. London: Oxford University Press, 1958.

Faraday, Ann: Deine Träume – Schlüssel zur Selbsterkenntnis. Frankfurt/Main: Fischer Tb, 1987.

– Die positive Kraft der Träume. München: Droemer-Knaur, 1984.

Freud, Sigmund: Gesammelte Werke. Frankfurt/Main: Fischer:

- Die Traumdeutung. G. W. Bd. 2/3.
- Vorlesungen zur Einführung in die Psychoanalyse. G. W. Bd. 11.
- Neue Folge der Vorlesungen zur Einführung in die Psychoanalyse. G. W. Bd. 15.
- Jenseits des Lustprinzips: G. W. Bd. 13.
- Das Ich und das Es. G. W. Bd. 13.
- Das Unbehagen in der Kultur. G. W. Bd. 14.
- Totem und Tabu: G. W. Bd. 9.

Garfield, Patricia: Kreatives Träumen. Interlaken: Ansata, 1986.

Hall, Calvin S.: The Meaning of Dreams. New York: McGraw-Hill, 1966.

Handwörterbuch des deutschen Aberglaubens. 10 Bde., Hrsg. von Hoffmann-Krayer/Bächthold-Stäubli (Berlin 1927–1942). Neuausg. Berlin: de Gruyter, 1987.

Jung, C. G.: Gesammelte Werke. Olten-Freiburg i. Br.: Walter:
– Symbole der Wandlung. GW 5.
– Psychologische Typen. GW 6.
– Die Beziehung zwischen dem Ich und dem Unbewußten. GW 7.
– Die Dynamik des Unbewußten. GW 8.
– Aion. GW 9/2.
– Zur Psychologie westlicher und östlicher Religion. GW 11.
– Psychologie und Alchemie. GW 12.
– Mysterium Coniunctionis. GW 14/1,2.
Kerényi, Karl: Die Mythologie der Griechen. 2 Bde. München: dtv.
Kierkegaard, Sœren: Werke. Reinbek: Rowohlt (rowohlts klassiker):
– Der Begriff Angst. Bd. 1.
– Die Krankheit zum Tode. Bd. 4.
– Philosophische Brocken. Bd 5.
Krishnamurti, J.: Notebook.
Leadbeater, C. W.: Die Chakras. Freiburg i. Br.: Bauer, [7]1987.
Lu K'uan Yü: Taoist Yoga. Rider, 1976.
Meier, C. A.: Der Traum als Medizin. Zürich: Daimon, 1985.
Ouspensky, Peter: Ein neues Modell des Universums. Basel: Sphinx, 1986.
Rajneesh, Bhagwan Shree: Das Buch der Geheimnisse. München: Heyne, 1982.
– The Alpha and Omega 1–10.
Rama, Swami: Yoga and Psychotherapy. Himalayan International Institut, 1976.
Reich, Wilhelm: Charakteranalyse. Frankfurt/Main: Fischer Tb.
– Die Funktion des Orgasmus. Frankfurt/Main: Fischer-Tb.
– Der Krebs. Frankfurt/Main: Fischer-Tb.
– Ether, God and Devil.
– Cosmic Superimposition.
Reps, Paul: Ohne Worte – Ohne Schweigen. München: Scherz/O. W. Barth.
Sparrow, George Scott: Lucid Dreaming. A. R. E. Press, 1976.
Steiner, Rudolf: Die Geheimwissenschaft im Umriß. Dornach, 1981 (Rud. Steiner-Tb 601).
– Wie erlangt man Erkenntnisse der höheren Welten.
– Geisteswissenschaftliche Erläuterungen zu Goethes Faust. 2 Bde. Dornach, 1910/18.
– Anthroposophische Menschenkunde und Pädagogik. Dornach, 1979.

Tansley, David V.: Energiekörper: München: Kösel, 1985.
Woodroffe, Sir John (Arthur Avalon): Die Schlankenkraft. München: Scherz, ^{3}1978.
Zimmer, Heinrich: Philosophie und Religion Indiens. Frankfurt: Suhrkamp, 1976.
– Die indische Weltmutter. Hrsg. von Wilhelm, F. Frankfurt: Insel, 1979.
– Indische Mythen und Symbole. Köln: Diederichs, ^{3}1986.